# DEIN TAROT GUIDE

KIRSTEN UND S. ROE BUCHHOLZER
BEATE STAACK

# Dein TAROT Guide

SCHNELL & EINFACH
LEGEN UND DEUTEN

KÖNIGSFURT URANIA

Bibliographische Information der Deutschen Nationalbibliothek

Die Deutsche Nationalbibliothek verzeichnet diese Publikation in der Deutschen Nationalbibliographie; detaillierte bibliographische Daten sind im Internet über http://dnb.d-nb.de abrufbar.



Originalausgabe
2. Auflage 2023


Königsfurt-Urania Verlag GmbH, Ringstr. 32, D-24103 Kiel
www.koenigsfurt-urania.com • www.tarot-online.com

Umschlaggestaltung: Daniela Zietlow unter Verwendung eines Fotos von Melissa Lorenzen
Foto S. 8 und Umschlagrückseite: © Studioline Photography
Projektleitung und Lektorat: Jennifer Lorenzen-Peth
Satz und Layout: Daniela Zietlow, Hamburg

Druck und Bindung: Finidr s.r.o., Tschechische Republik
Printed in EU

ISBN 978-3-86826-577-4

FSC www.fsc.org MIX Papier aus verantwortungsvollen Quellen FSC® C014138

PRODUZIERT IN EUROPA

# Herzlich willkommen bei deinem Tarot Guide für das Tarot von Waite & Smith!

**Kennst du das?** Du hast Lust auf Tarot und legst dir oder anderen gern die Karten? Doch dir vergeht ziemlich bald der Spaß, wenn du »mal eben schnell« die Bedeutung einer Karte nachlesen möchtest, die gerade vor dir liegt? Eigentlich wolltest du nur einen Aspekt nachschlagen, der dir gerade nicht einfällt. Nur leider ist es immer dasselbe: Du musst dich durch einen langen Text in einem Buch lesen oder du googelst viele verschiedene, zum Teil widersprüchliche Bedeutungen. Du arbeitest dich vielleicht durch einige durch, doch dann vergeht dir die Freude an den Karten. Besonders, wenn du mitten in einer Legung bist und eigentlich nur einen kurzen Deutungsimpuls brauchtest, hast du sofort den Faden verloren.

**Damit ist jetzt Schluss!** Denn hier kommt DEIN TAROT GUIDE. Endlich ein Buch, das du IMMER verwenden kannst, da es unkompliziert zu handhaben ist und dich schnell inspiriert. Warum? Weil wir ausschließlich die wichtigsten Grundbedeutungen der Tarotkarten von Waite & Smith in Stichworten zusammengefasst haben. Ja, du hast richtig gehört: in Stichworten.

Was das heißt? Du kannst in Sekundenschnelle die Bedeutung jeder Karte nachlesen und dich so-

*S. ROE Buchholzer, Beate Staack, Kirsten Buchholzer*

fort wieder deinem Reading zuwenden. Es kommt noch besser: Wir haben dir auch die Licht- und Schattenseiten – die eher *unterstützenden* und die eher *herausfordernden* Aspekte einer Karte – sowie hilfreiche Affirmationen in diesem Guide aufgeführt. Außerdem findest du hier alle wichtigen Korrespondenzen auf einen Blick. Somit hältst du jetzt ein komprimiertes Nachschlagewerk in Händen, das dich auf deinem Tarotweg stets begleiten kann.

## KIRSTEN, S. ROE UND BEA: UNSERE WEGE ZU TAROT

**Hallo**! Wie schön, dich kennenzulernen! Wir sind Kirsten Buchholzer, S. ROE Buchholzer und Beate

Staack. Wir teilen die Leidenschaft für Tarot und wollen dieses wertvolle Selbsterfahrungs-Tool einer breiten Öffentlichkeit zugänglich machen. Auch ist es unser Ziel, die Karten von ihrem okkulten Ruf zu befreien und aller Welt zu zeigen, dass die Arbeit mit Tarot kein Hokuspokus, sondern tiefgreifende Seelenschau ist – und richtig viel Spaß machen kann. Das ist einer der vielen Gründe, warum wir engagierte Mitglieder des Tarot e.V. sind.

## Was ist der Tarot e. V.?

Der Tarot e. V. ist nicht nur der größte deutsche, international vernetzte Verein für Tarotbegeisterte, sondern auch der etablierteste. Im deutschsprachigen Raum ist er also die Nr. 1!

2003 wurde der Verband von der Tarotlegende Hajo Banzhaf und seiner Frau, der Astrologin Brigitte Theler, gegründet. Durch seinen verpflichtenden Ehrenkodex und die Prüfung zur Beraterin oder Berater setzt der Tarotverband ethische Standards für die Tarotszene. Auch du kannst Mitglied werden – ganz gleich, ob du ein alter Legehase oder frische Einsteigerin bist. Mehr erfährst du unter www.tarotverband.de oder auf unseren diversen Social Media Accounts.

Wir drei haben uns durch unsere Arbeit für den Tarot e.V. kennengelernt. Zum Tarot haben wir jedoch auf ganz unterschiedliche Weise gefunden. Dies liegt auch daran, dass wir zu unterschiedlichen Zeiten anfingen, uns für Tarot zu begeistern. Während Bea der sogenannten Generation Y angehört, sind Kirsten und S. ROE kurz nach dem Babyboom geboren. Für dich bedeutet das, du hältst mit diesem Guide das Beste aus zwei Welten in der Hand: Das auf den Punkt bringen von komplizierten Informationen, das dir den Einstieg in deine Deutungen erleichtert, und das dennoch aufbaut auf dem Wissen vieler Tarot begeisterter Generationen vor dir.

### Kirsten

Ich bin eine alte Skeptikerin: Als ich 18 Jahre alt war, entdeckte eine Freundin den Tarot für sich und machte mich mit ihrem ewigen Kartenlegen zum »Herzensmann« wahnsinnig. Um ihr zu beweisen, wie sinnlos dieser Zeitvertreib war, schaffte ich mir kurzerhand selbst ein Deck an – und blieb hängen. Denn ganz gleich, welche Fragen ich an die Karten stellte: Sie antworteten – und zwar konstruktiv. Inzwischen bin ich schon lange professionelle Beraterin und kann bezeugen: Ob im persönlichen Gespräch, fernmündlich, per Mail oder Chat – die Karten bieten sinnstiftende Antworten, zeigen wahrscheinliche Entwicklungen auf und schlagen kluge Lösungen bei aktuellen Dilemmata vor. Genau das meine ich, wenn ich sage: Das Kartenlegen funktioniert.

*»Altes Wissen neu erlebt.«*

Aber wie kann es das? Ehrlich gesagt, habe ich keine Ahnung. Mir stellt sich diese Frage jedoch auch nicht. Es ist doch wie beim Auto: Ich weiß nicht, was da unter der Motorhaube wie funktioniert. Das ist mir völlig gleichgültig, solange ich von A nach B fahren kann. Auch bei den Karten zählt für mich das, was ich aus ihnen lese, nicht, warum das möglich ist.

Die Tarotkarten sind richtig genutzt das perfekte Instrument, um dir bei wichtigen Entscheidungen oder komplizierten Situationen den Weg zu weisen. Sie inspirieren deine Projektarbeit und helfen dir bei der Lösung von Schreibblockaden, enthüllen dir deine versteckten Talente und zeigen dir deine inneren Stolpersteine. Ich schätze besonders den Humor und die vielschichtigen Ebenen ihrer Bilderwelt.

## S. ROE

Seit ich denken kann, wollte ich andere Menschen unterstützen. Das Interesse meiner Schwester am Tarot, gepaart mit ihrer Ungeduld, die Karten schnell kennenzulernen, haben mich ungewollt mit der Orakelwelt in Berührung gebracht. Denn eine erfahrene Kartenlegerin erklärte meiner Schwester, dass ich ein Tarot-Naturtalent sei und mit meiner Veranlagung anderen helfen könne. Meine Neugierde war natürlich geweckt! Dies war der Anfang einer großen Freundschaft und eines langen Lehrwegs ab dem Ende der 1980er. Dieser Weg führte mich von sehr einfühlsamen Beratern und Beraterinnen in der Schweiz und Deutschland schließlich bis zu diesem Buch. Und ich fühle, dass dieser Weg noch lange nicht zu Ende ist.

In meiner Tarotarbeit – als Berater oder Ausbilder – ist mir der offene Blick für andere Disziplinen wie Orakelkarten, Astrologie, Geomantie oder das Tiroler Zahlenrad sehr wichtig.

Die bunte Bilderwelt hat mir immer klare Antworten auf die gestellten Fragen gegeben. Und immer wieder frage ich mich, wie das möglich ist? Wie können bedruckte Papierblätter wahre, tiefschürfende Hilfestellung geben und uns dazu inspirieren, unser Schicksal in die Hand zu nehmen?

»Never Give Up!«

Nun, ich kenne die Antwort nicht, aber vielleicht ist es an dir, sie zu finden. Unser Buch kann dir dabei helfen. Dank ihm lernst du die sowohl über Jahrhunderte überlieferten als auch die zeitgemäßen Bedeutungen kennen.

### Bea

In meiner Jugend kaufte ich mir aus Neugier ein Tarotdeck. Nach ein paar Tagen war diese Neugier jedoch wieder verflogen und das Kartendeck landete im Schrank. Viele Jahre später erweckten mehrere, aufeinanderfolgende schwere Lebenskrisen mein Interesse an Spiritualität und Tarot erneut. Jedoch erst nach der Krebsdiagnose und dem Tod meines Vaters im Jahre 2018 eröffneten sich mir neue, unerwartete Kanäle durch die Tarotkarten. Sie haben mich tief in der Seele berührt. Nun begann ich, mich ernsthaft mit den Tarotkarten zu beschäftigen, belegte Kurse und las Bücher, sprang in die Tarotpraxis. Seither berate und begleite ich erfolgreich mit meiner spirituellen Lebensberatung und den Tarotkarten die (Seelen-) und Lebenswege der Menschen.

»Tarotkarten geben deiner Seele eine Stimme!«

Die Tarotkarten gaben meiner Intuition eine verblüffend klare und akkurate Stimme. Für mich sind sie stets liebevolle, aber auch sehr ehrliche und direkte Botschafter, die dein Bewusstsein erweitern wollen. Sie geben auch einen Einblick in deinen »Life Purpose«: in deine individuellen Lebensaufgaben. Tarotkarten helfen dir in jeder Lebenslage, egal, wie klein oder groß dein Konflikt sein mag. Tarot lüftet den Schleier, reißt den Vorhang herunter und zeigt dir die Wahrheit der Situation: Wie es wirklich ist.

### Und du?

Und wie hast du zum Tarot gefunden? Gern erfahren wir mehr von dir. Vernetze dich mit uns auf Social Media oder kontaktiere uns über den Tarot e.V.

## TAROTKARTEN VERANTWORTUNGSVOLL DEUTEN

Du hast es sicher schon gemerkt: Uns verbindet nicht nur eine Leidenschaft für das Kartenlegen, uns ist es auch wichtig, ethische Grundsätze beim Beraten hochzuhalten. Daher haben wir den Ehrenkodex des Tarot e.V. unterzeichnet und uns auch eigene Verhaltensstandards gesetzt. Auch du bist dazu aufgerufen, dies zu tun.

Hast du dir schon einmal überlegt, welche Grenzen du dir bei deinen Deutungen auferlegst, um nicht mit deinem Gewissen in Konflikt zu kommen? Das sowohl, wenn du dir selbst die Karten legst, als auch, wenn du die Fragen einer anderen Person mit Hilfe der Karten beantwortest? Findest du es beispielsweise richtig, die Karten zu nutzen, um dich über die Gefühle von jemanden zu informieren, die oder der nichts von dir wissen will? Würdest du eine Freundin bezüglich einer Beziehungskrise beraten? Wie sicher kannst du sein, dass das, was du in den Karten siehst, stimmt? Du merkst: Schon diese unscheinbaren Fragen haben es in sich.

Deshalb ist es so wichtig, sich genau hierzu ausführliche Gedanken zu machen. Und zwar, bevor du zu den Karten greifst. Gerade in einer Welt, in der Tarot, Astrologie, Pendel und Channeling immer noch als »Geschwurbel« gelten, brauchst du klare ethische Richtlinien – und die setzt du dir am besten selbst. Im Laufe der Jahre kannst du deine inneren Leitlinien immer wieder hinterfragen. Denn mit zunehmender Erfahrung werden manche Dinge zu »No Gos«, mit denen du anfangs keine Probleme hattest. Auf der anderen Seite tun sich auch Türen auf, die du anfangs lieber verschlossen gehalten hast.

Ein guter Start beim Erstellen deiner eigenen Beratungsethik ist es, diesen Guide jetzt zur Seite zu legen und einfach unzensiert zu notieren, welche Dinge du beim Beraten nicht machen wirst und welche du unbedingt erreichen willst. Weiter oben stehen bereits drei relevante Fragen. Sicher fallen dir schnell weitere wichtige Do's and Don'ts ein. Falls es dir aber schwerfällt, versetze dich am besten in die Rolle der Ratsuchenden. Was möchtest du in einer Beratungssituation unbedingt erleben, was nicht? Was macht eine seriöse Deutung für dich aus, was nicht? Schreibe alles auf. Inspiration findest du beim Ehrenkodex des Tarot e.V.:

**https://www.tarotverband.de/tarot-verband/ehrenkodex**

Deine Beratungsethik solltest du natürlich auch bei dir selbst anwenden und nicht nur, wenn du andere mit den Karten berätst.

# Eine kurze Geschichte des Tarot

Zum verantwortungsvollen Umgang mit den Tarotkarten gehört es auch, dein eigenes Handwerkszeug und dessen Wurzeln zu kennen. Sprich: Es ist gut, wenn du dir eine Meinung über die Herkunft der Karten und die Entstehung des Orakelns mit ihnen bildest. Dieses Wissen hilft dir, deine ganz persönliche Nische in der Tarot-Community zu finden, diese zu bereichern und neue Erkenntnisse weiterzutragen.

Außerdem: Wer sich mit der Geschichte des eigenen Handwerkzeugs und der Legekunst auskennt, kann mit Mythen und Hokuspokus aufräumen. Im Folgenden daher ein paar Gedanken zur Geschichte des Tarot.

## URSPRÜNGE DES TAROT

Anders als bei der Astrologie, deren Geschichte sich weit über 5000 Jahre zurückverfolgen lässt, sind die Ursprünge des Tarot bis heute nicht lückenlos dokumentiert. Dennoch ist es keineswegs so, dass – wie wir es noch in vielen Tarotbüchern lesen müssen – die Anfänge der Karten gänzlich im Dunkeln liegen. Immerhin können wir das erste Auftauchen der Tarotbilder in unseren Breitengraden auf das frühe 15. Jahrhundert eingrenzen. Die Reise beginnt dabei im Süden Europas. Hier ein kurzer Abriss:

In den Jahren 1420 bis 1450 bestellte der Herzog von Mailand, Filipo Maria Visconti (1391–1447), zahlreiche Spielkarten. Die heute noch erhaltenen Karten, die vermutlich aus verschiedenen Kartendecks stammen, werden als Visconti-Spiele bezeichnet. Das bekannteste davon ist das Visconti Sforza Tarot, das mit 74 noch erhaltenen Karten das vielleicht älteste bekannte Tarot ist. Weitere Decks aus dieser Periode sind das Brera-Brambilla Tarocchi, das Cary-Yale Tarocchi und das Pierpont-Morgan-Bergamo Tarocchi.

Die Tarot-Trümpfe könnten somit in Norditalien im frühen 15. Jahrhundert entstanden sein. In alten Schriften werden die Karten als »Carte da Trionfi« bezeichnet, eventuell weil die Trümpfe (die erst später als die vier Farben – also die Kleinen Arkana – auftauchten) ihren Ursprung in den mittelalterlichen Triumphzügen haben. Zu diesem Zeitpunkt waren die Trümpfe nicht nummeriert, ihre Reihenfolge nicht festgelegt. Auch die Begriffe »Große« und »Kleine Arkana« existierten noch nicht.

Um 1530 kommt die Bezeichnung »tarocchi« in Umlauf, um den Tarot von einem neuartigen Glücksspiel zu unterscheiden, das mit herkömmlichen Spielkarten gespielt wird. Die Herkunft dieses Begriffs ist nicht geklärt, es könnte jedoch sein, dass er vom arabischen Wort »taraha« (sprich: tarakha) abstammt und sich auf das »Abwerfen« von Trümpfen bezieht (eine Parallele hierzu findet sich im französischen Spiel »Triomphe« aus dem 17. Jhd., das sich im 19. Jhd. zum Écarté entwickelt).

Die deutsche Form von Tarocchi ist »Tarock«, die französische »Tarot«. Heute hat sich der französische Begriff für die spirituelle Nutzung der Karten eingebürgert. Tarock hingegen ist ein beliebtes Kartenspiel, ähnlich dem Doppelkopf, das unter anderem von Wolfgang Amadeus Mozart oder Sigmund Freud begeistert gespielt wurde.

Die Symbolik der frühen Trümpfe entspringt eindeutig der Kultur des europäischen Mittelalters und der Renaissance. Sie bezieht sich hauptsächlich auf europäisch-christliche Motive, die sich auch in der zeitgenössischen Kunst der Renaissance widerspiegeln. Es gibt auch keine Hinweise darauf, dass die Sinti und Roma die Tarotkarten vor dem 20. Jahrhundert zum Wahrsagen nutzten oder gar nach Europa brachten. Wahrscheinlicher ist, dass Spielkarten (nicht die Tarot-Trümpfe) im ausgehenden 14. Jhd. im Zuge der islamischen Eroberung in Europa in unsere Breitengrade kamen. Fakt ist, dass um 1380 Karten plötzlich in zahlreichen europäischen Städten auftauchten und ebenso schnell (wie alle anderen Glücksspiele, z.B. Würfel) von der Kirche verboten wurden.

Die nächste wichtige Station der esoterischen Tarot-Entwicklung war Frankreich. Hier entsteht in Marseille eine Tarot-Version, die von vielen Okkultisten als »Urtarot« betrachtet wird. Seine bekannteste Variante kreiert Nicolas Conver um 1750. Zu dieser Zeit wurde wohl auch die noch heute übliche Reihenfolge der Karten nach europäischem Muster festgelegt. Diese ist nicht unbedingt mit der ursprünglichen Reihenfolge der Trionfi identisch.

Inzwischen hat sich neben der europäischen Zählweise, in der die Zahl 8 der Gerechtigkeit und die Zahl 11 der Kraft entspricht, auch die umgedrehte Zählweise eingebürgert, die durch den Anglo-Amerikaner Arthur E. Waite unter die Leute gebracht wurde.

Wann man anfing, mit Tarotkarten wahrzusagen, ist nicht gesichert. Erst in Schriften des frühen 18. Jahrhunderts werden sie eindeutig mit Divination in Verbindung gebracht. Doch ist anzunehmen, dass schon vorher mit ihnen orakelt wurde, denn gewöhnliche Spielkarten wurden bereits seit Ende des 15. Jahrhunderts dafür genutzt.

Die ersten Okkultisten, die Tarot explizit mit Divination verbanden, waren Court de Gebélin (Verbindung des Tarot mit alten ägyptischen Mysterien, Veränderung einiger Trümpfe: Hohepriesterin statt Päpstin, Hierophant statt Papst) und der Comte de Mellet (Verbindung der Trumpfkarten mit dem hebräischen Alphabet). In der Endzeitstimmung vor der Französischen Revolution schlagen die »Enthüllungen« dieser Magiere wie eine Bombe ein. Über Nacht werden die Karten zum integralen Bestandteil der okkulten Philosophie, auch wenn diese durch die Jahrhunderte zuvor niemals die Karten in irgendeiner Weise erwähnt hatte.

Ab ca. 1790 entstanden dann Orakelkarten, deren Motive speziell für die Divination und esoterische Arbeiten entworfen wurden, z.B. das Thoth Tarot von Étteilla. Bald boomt die Wahrsagebranche per Kartenlegen. Zahlreiche neue Decks entstehen bis Mitte des 19. Jahrhunderts. Tarot und vor allem die deutschen Kipper-, Lenormand- und die österreichischen Traditionellen Wahrsagekarten erfreuen sich in den bürgerlichen Salons großer Beliebtheit. Das öffentliche Interesse an den Karten verblasst gegen Ende des 19. Jahrhunderts.

Gleichzeitig vertieft sich eine okkulte, nicht für die Allgemeinheit sichtbare Unterströmung. Diverse selbsternannte Magiere (u. a. Paul Christian, Éliphas Lévi und Papus) arbeiten hart, den Mythos um »Das Buch Thoth« entstehen zu lassen. Demnach seien die Karten ägyptischen Ursprungs und trügen geheimes Priesterwissen in sich, um es für die wahrhaft Suchenden der Nachwelt zu bewahren. Hierfür wurden von Christian neue Begriffe kreiert (z.B. Große Arkana statt Trümpfe). Lévi verband die Großen Arkana mit dem kabbalistischen Lebensbaum. Und auch andere Korrespondenzen entstanden zu dieser Zeit: numerologisch, astrologisch, mit Runen. Papus kreierte den heute noch existierenden Glauben, dass die Karten von den Sinti und Roma nach Europa gebracht wurden.

Eine Wiederbelebung des öffentlichen Interesses am Tarot war hauptsächlich der englischen Mysterienvereinigung »The Hermetic Order of the Golden Dawn« zu verdanken, die den Tarot in Verbindung mit der Kabbala zum Hauptbestandteil ihrer rituellen Arbeit macht. Eine Fehlübersetzung aus dem Französischen des Vorsitzenden MacMathers machte die »Münzen« zu »Pentakeln«. Zwei Mitgliedern dieser Vereinigung, Aleister Crowley und Arthur Edward Waite, verdanken wir zahlreiche Deck-Varianten, die in der zweiten Hälfte des 20.

Jahrhunderts entstehen. Sie hatten die Ideen zu den bis heute einflussreichsten Decks der Tarotgeschichte, dem sogenannten Tarot von A.E. Waite, heute als Tarot von Waite & Smith (fertiggestellt 1909) bekannt, und dem Thoth Tarot (fertiggestellt 1944). Umgesetzt wurden diese Ideen von zwei bedeutenden Frauen: Pamela Colman Smith und Lady Frieda Harris.

Nach dem Zweiten Weltkrieg begeisterte sich die Hippie-Bewegung der 1960er Jahre für die Karten und in den 1980ern erlebten die Karten einen neuen Boom, nun unterfüttert mit den Gedanken von C.G. Jung. Das Wahrsagen wird verpönt, die psychologische Deutung nimmt Fahrt auf. Seither hat sich Tarot mit kleinen Unterbrechungen immer stärker in das kollektive Bewusstsein geschlichen. Es taucht in Spielfilmen und in der Werbebranche auf. Und auch die Gameszene und Comicszene hat es für sich entdeckt.

Die Entstehung zahlreicher neuer Decks seit Anfang der 2000er zu diversen Themen, auch völlig unspiritueller Natur, hat die heutige Entwicklung des Tarot geprägt. Wie schon im 19. Jahrhundert verschiebt sich seither die Betonung auf den Unterhaltungswert der Karten. Viele sehen in ihnen ein harmloses Gesellschaftsspiel. Dem steht eine Strömung entgegen, die – wie der Tarot e.V., der 2003 gegründet wurde –, dem Tarot ernsthaftes Ansehen verleihen will. Okkulte Studien rücken jedoch immer weiter in den Hintergrund, während sich die Bilder als Instrument der Selbstanalyse und der Inspiration immer stärker im Bewusstsein der Gesellschaft und der Social Media Kultur verankern. Auch ist zu beobachten, dass das Wahrsagen, das besonders Ende des 20. Jahrhunderts äußerst verpönt war, immer beliebter wird. Der zusätzliche »Spiritualitäts-Boom«, der durch Corona ausgelöst wurde, hat dies noch befeuert. Immer mehr junge Menschen interessieren sich für Spiritualität und das Kartenlegen, da sie die Corona-Pandemie in die Selbstreflexion gezwungen hat. Durch diese Trendströmung gewinnt besonders Tarot an Popularität, denn die Bildersprache der Karten entspricht besonders dem Zeitgeist der Insta-Generationen.

Auch die Bereitschaft, sich mit Tools abseits der Norm zu beschäftigen, ist gestiegen, und es ist in Zukunft eine weitere Steigerung des Interesses an ihnen zu erwarten. Tarot könnte hierbei eine Vorreiterfunktion erlangen. Ob diese Popularität der ernsthaften Arbeit mit den Karten guttut oder nach und nach zu einem oberflächlichen Instrument der Popkultur wird – das bleibt abzuwarten und liegt vor allem an jedem oder jeder einzelnen von uns – auch an dir!

# 22 FAQs des Kartenlegens

Nun haben wir dir schon eine Menge Überlegungen mit auf deinen Tarotweg gegeben. Wenn du ihn weitergehst, wirst du mit vielen weiteren Fragen konfrontiert werden. Die häufigsten haben wir hier zusammengefasst.

## 1. MIT WELCHEM DECK LERNE ICH AM BESTEN?

Es ist unsere feste Überzeugung, dass du am schnellsten Tarot lernst, wenn du dich erst einmal mit den Karten von Waite & Smith und Crowley & Harris auseinandersetzt, bevor du mit anderen Decks experimentierst. Zu beiden Kartensets, die der »englisch-amerikanischen Schule« (eine deutsche Tarot-Tradition gibt es nicht wirklich) entstammen, gibt es inzwischen umfangreiche deutschsprachige Literatur.

Auch der Tarot de Marseille ist eine gute Wahl, da er als das »Ursprungsdeck« für Kartomanen gilt. Allerdings wird er vorwiegend in den romanischen Ländern gelegt, im deutschen Sprachraum gibt es derzeit noch wenig Literatur dazu – obwohl sich das gerade ändert. Auch dass die Kleinen Arkana dieses Decks nicht bebildert sind, kann dem Fluss der Gedanken beim Interpretieren hinderlich sein. In unserem Guide konzentrieren wir uns auf die Bedeutungen der Karten von Pamela Colman Smith und Arthur E. Waite. Wenn du die Bedeutungen dieser Karten verinnerlicht hast, bist du bereit, dich komplizierteren Bildern zu widmen.

## 2. DAS RICHTIGE DECK – WAS SAGT MIR MEIN BAUCH?

Du möchtest DEIN besonderes Deck finden? Dann empfehlen wir dir, beim Kauf der Karten unbedingt auf deine Intuition zu hören. Kaufe bitte kein Set, das dir nicht gefällt, auch wenn jemand anderes behauptet, dass es das allerbeste sei — und auch wenn wir damit unsere eigenen Empfehlungen oben ad absurdum führen. Letztendlich ist es einfach am wichtigsten, dass du dich mit deinen Karten wohlfühlst und sie gern zur Hand nimmst. Es fällt dir wesentlich leichter, dir selbst und anderen die Karten zu legen, wenn dein Deck zu dir »spricht«. Achte beim Kauf auch darauf, wie die Rückseite der Karten gestaltet ist. Ein neutrales Motiv verrät nicht, ob die Karte richtig herum oder auf dem Kopf steht. Dies lenkt beim Ziehen nicht ab und ermöglicht das Arbeiten mit umgekehrten Karten.

## 3. WARUM FUNKTIONIERT DAS KARTENLEGEN?

Gern wird dies mit der »Synchronizität«, der zeitnahen Abfolge nicht zusammenhängender Ereignisse, erklärt, die durch ihren Zusammenfall als sinnvoll verbunden erscheinen. So soll eine Parallele zwischen der Kartendeutung und der Fragestellung entstehen. Psychologische Erklärungsmodelle sehen die Karten als Spiegel innerer und äußerer

Prozesse, als visuelles Gleichnis für die Situation der fragenden Person, wobei der Blick auf die Karten eine emotionale Reaktion und somit Reflexion und Selbsterkenntnis hervorruft.

Beide Modelle haben sicher ihre Berechtigung, auch wenn letzteres nicht erklärt, warum Kartenlegen auch am Telefon oder via Chat »funktioniert«. Persönlich sind wir der Ansicht, dass es eigentlich egal ist, wie wir zu Ergebnissen gelangen. Wichtig ist für uns, dass wir das Kartenlegen jedes Mal als bereichernd, sinnhaft und als nützliche Hilfe bei Entscheidungen erfahren.

## 4. IST DIE ZUKUNFT MIT DEN KARTEN VORHERSAGBAR?

Wenn du in einem Auto mit Vollgas auf eine Mauer zurast, ohne den Fuß vom Gaspedal zu nehmen, dann ist absolut vorhersagbar, was geschehen wird – auch ohne ein Orakel zu bemühen. Entscheidest du jedoch, rechtzeitig auf die Bremse zu treten, hast du die vorhersehbare Zukunft bereits verändert.

Genauso funktioniert das Kartenlegen: Du kannst aus einer Legung ersehen, was passiert, wenn du auf dem eingeschlagenen Weg bleibst. Richtig gefragt, teilt sie dir aber auch mit, welche Abzweigung du wählen kannst, um ein anderes Ziel zu erreichen.

Die Konsequenz einer Handlung ist sehr oft vorhersagbar. Und es gibt sicher auch schicksalhafte Ereignisse im Leben, die du nicht vermeiden kannst. Wie du dich jedoch verhältst, wenn sie auf dich zukommen, und was das bewirkt – das ist nirgends festgeschrieben.

## 5. WIE IST DAS MIT DEN ZEITANGABEN?

»Wann ruft er an?«, ist nur eine von vielen Fragen, bei denen sich Ratsuchende konkrete Zeitangaben erhoffen. Zur Berechnung von genauen Terminen gibt es denn auch zahlreiche Ansätze – vom Einsatz der Hellsichtigkeit über die angenommene Zeitbedeutung einer bestimmten Karte bis hin zum traditionellen »drei Tage, drei Monate, drei Jahre«. Uns hat bisher noch keine dieser Methoden wirklich überzeugt. Für uns gibt es eigentlich nur zwei nachvollziehbare Möglichkeiten, Zeiten zu ermitteln: Du begrenzt den Zeitraum bereits in der Fragestellung (z.B. Was passiert innerhalb der nächsten zwei Wochen?), oder du nimmst ein Legesystem, das eine Zeitreihe benennt. Wenn du keines kennst, erfinde doch einfach dein eigenes.

Allerdings: Keine noch so konkrete Zeitangabe nutzt etwas, wenn du beschließt, dein Thema vom Schicksal abhängig zu machen, anstatt selbst etwas dafür zu tun, dass die Ereignisse sich in deinem Sinne zügig entwickeln.

## 6. KANN/DARF ICH KARTEN LEGEN?

Um Karten legen zu können, musst du weder die siebte Tochter einer siebten Tochter sein oder seit deiner Kindheit mit den Engeln oder anderen Wesen Kontakt gehalten haben. Sicher gibt es Menschen, die leichter Zugang zur eigenen Intuition als andere haben. Das macht sie jedoch noch lange nicht zu besseren Kartenlegern und -expertinnen. Es sind vielmehr oft gerade die Menschen, die sich völlig unbedarft und unbelastet durch ein spezielles spirituelles Glaubenssystem auf die Bilder der Karten einlassen, die die beachtlichsten Resultate erzielen. Das Erlernen der Kartendeutung funktioniert wie das Erlernen einer Sprache oder eines Instruments: Du musst deine Vokabeln und Tonleitern beherrschen, bevor du improvisieren kannst. Es gilt die bewährte Erfolgsformel: 10 % Talent und 90 % Disziplin und Fleiß. Wenn du geduldig genug bist, dich mit den Karten intensiv auseinanderzusetzen, sie kennenzulernen und dich der Legepraxis zu widmen, wirst du sicher eine hervorragende Kartenlegerin und ein ausgezeichneter Deuter.

## 7. MIR SELBST DIE KARTEN LEGEN – GEHT DAS?

Es ist natürlich kein Problem, sondern sogar wünschenswert, dich durch das Ziehen von Tageskarten oder Meditation mit den Karten immer wieder aufs Neue inspirieren zu lassen. Wie das genau geht, vermitteln wir dir in der folgenden Legepraxis. Unserer Erfahrung nach ist es allerdings schwer, sich selbst eine Frage mit den Karten objektiv zu beantworten. Zu oft beeinflussen Ängste, Hoffnungen und Subjektivität das Resultat. Dennoch möchten wir dich dazu ermutigen, mit so vielen Legungen wie möglich zu experimentieren. Kommst du bei einem Thema allerdings einfach nicht weiter, empfehlen wir dir, dich an jemand anderen mit deiner Frage zu wenden – sei dies eine professionelle Beraterin, ein Freund oder jemand, der oder die in den Social Media eine Legung mit dir tauschen möchte.

## 8. WIE OFT KANN ICH MIR DIE KARTEN LEGEN?

Dafür gibt es keine Regeln, lass dich dabei am besten von deiner Intuition leiten. Besonders wenn es um verschiedene Themen oder die Arbeit mit Tageskarten geht, kann es nicht schaden, sich häufiger die Karten zu legen. Allerdings rät dir der gesunde Menschenverstand und der Respekt vor den Botschaften der Karten, ein Reading zu einem Thema erst einmal gründlich zu analysieren, auf dich wirken zu lassen und den Rat der Karten umzusetzen, bevor du dieselbe Frage ein zweites Mal stellst. Es bringt herzlich wenig, immer wieder dasselbe Problem abzufragen, weil dir eine erhaltene Antwort nicht zusagt. Karten lassen sich nicht betrügen und werden dir sehr schnell – oft auf sehr humorvolle Weise – deutlich zeigen, dass sie keine Lust mehr haben, von dir nicht ernst genommen zu werden.

## 9. WAS SOLLTE ICH BEI DER VORBEREITUNG AUF EIN READING BEACHTEN?

Nimm dir Zeit und Muße für dein Reading. Der Ort, an dem du die Karten auslegst, sollte sauber und ruhig sein – also Smartphone auf Flugmodus und andere Ablenkungen aus! Räucherungen, Musik oder Duftkerzen unterstützen manche beim

Kartenlegen – andere irritieren sie eher. Kerzenlicht schafft eine stimmigere Atmosphäre als greller Lampenschein. Die Intensität deines Tarot-Rituals wird verstärkt, wenn du deinen Platz ganz bewusst vor jeder Session vorbereitest. Noch besser: Du hast bereits einen Ort, den du beispielsweise für Meditation reserviert hast. Hier hält sich die Energie bei regelmäßiger Nutzung wie in funktionstüchtigen Gebetshäusern und verstärkt die Aussagekraft bei der Arbeit mit den Karten.

## 10. WIE FORMULIERE ICH AUSSAGEKRÄFTIGE FRAGEN?

Die Antworten der Karten sind stets abhängig von äußeren Umständen, deinem seelischen Zustand und vom Timing. Sie können dir Tendenzen und Richtungen aufzeigen, dir klarmachen, was du wirklich über ein Thema denkst und fühlst, doch können sie nicht deine Probleme lösen und Entscheidungen für dich fällen. Daher sind die besten Fragen die, die nach einer Entwicklung fragen (Wie wird sich etwas entwickeln?) oder beantworten sollen, was du tun kannst, um die Dinge in deinem Sinne zu lenken (Was kann ich tun, um …?). Auch ist es besonders anfangs sehr hilfreich, die ausformulierten Fragen aufzuschreiben, bevor du die Karten ziehst. So vermeidest du am ehesten den Selbstbetrug, die Frage zu »vergessen«, weil dir die Antwort nicht gefällt.

## 11. WELCHE FRAGEN VERMEIDE ICH BESSER?

Da gibt es einige (siehe hierzu auch unser Kapitel zum verantwortlichen Kartenlegen):

- ★ Fragen über das Eintreffen konkreter Ereignisse, die eigentlich ein Ja erhoffen (Wird er zu mir zurückkommen?)
- ★ Fragen, die die Eigenverantwortung an die Karten oder andere Personen abgeben wollen (Sollte ich Franz heiraten?)
- ★ Fragen über das Gefühlsleben und das Tun und Lassen anderer (Was macht meine Tochter mit ihrem Freund?)
- ★ global gehaltene Fragen, auf die es nur ein Ja oder Nein als Antwort gibt (Werde ich mal heiraten?)
- ★ Fragen zu medizinischen, psychologischen und juristischen Anliegen (Überlebe ich die Herztransplantation? Ist mein Partner beziehungsfähig? Werde ich den Prozess gewinnen?)

## 12. WIE MISCHE ICH KARTEN KORREKT?

Für uns ist es irrelevant, ob wir beim Gedanken an die Frage die Beine überkreuzen oder nicht. Auch gibt es keine Regel, wie Karten richtig gemischt werden oder ob du »abheben« musst, um gültige Resultate zu erzielen. Wenn du dich ruhig und geerdet fühlst, nimm also die Karten zur Hand und mische sie so, wie es dir gefällt.

Wenn du dich bereit fühlst, ziehe die benötigte Anzahl Karten und lege sie nach einem Legesystem (auch Spread genannt) aus, das du gewählt hast. Am Anfang ist es leichter, wenige Karten zu ziehen als viele, und so das Kombinieren zu verinnerlichen.

Karten lieben Rituale und so bietet es sich an, beim Mischen und Auslegen in immer gleicher Weise vorzugehen – wie du das aber machst, sollte völlig dir überlassen sein. Kirsten fächert beispielsweise die Karten immer auf und zieht dann eine bestimmte Anzahl mit der linken Hand, danach legt sie sie alle mit der Bildseite nach oben aus und interpretiert. ROE hingegen mischt die Karten, fächert sie aus und zieht die entsprechende Anzahl mit rechts. Dann legt er die Karten verdeckt auf die Positionen des Legesystems. Jede Karte wird nun einzeln umgedreht und interpretiert. Bea geht anders vor. Sie mischt und zieht immer unterschiedlich. Dabei ist es ihr wichtig, in dem Moment zu fühlen, wie es am besten passt, sie folgt dabei gar keiner Routine. Sie mag jedoch das Auffächern sehr. Die Entscheidung, wie die Karten gemischt, gezogen und ausgelegt werden, trifft sie spontan. Hierbei lässt Bea auch ab und zu ihr Gegenüber die Karten ziehen.

## 13. WER DARF MEINE KARTEN ANFASSEN?

Ein neues Kartendeck, mit dem du auch tatsächlich arbeiten möchtest, solltest du vielleicht anfangs nicht unbedingt herumreichen oder allen Leuten zeigen. Trage die Karten lieber oft bei dir, mische sie durch, hebe sie ab, blättere durch das Deck. Prinzipiell muss niemand außer dir die Karten berühren, auch nicht, wenn du anderen die Karten legst. Es spricht aber auch nichts dagegen, dass sie von anderen berührt werden. Viele professionelle Kartenleger und -legerinnen haben ein oder mehrere Decks, die sie für ihre Kunden verwenden, und mindestens eins, das sie niemanden anfassen lassen, weil es für sie einen ganz persönlichen Wert hat. Sie verwenden es für ihre privaten Legungen und Meditationen.

## 14. WAS BEDEUTET »KARTEN NEUTRALISIEREN« UND WIE GEHT DAS?

Wenn du die Karten länger nicht benutzt, ist es eine gute Idee, sie sortiert aufzubewahren. So »neutralisierst« oder reinigst du auch die Karten nach energetisch anspruchsvollen Sessions. Du kannst auch mit Räucherungen oder ätherischen Ölen arbeiten.

## 15. WO BEWAHRE ICH MEINE KARTEN AM BESTEN AUF?

Die Aufbewahrung der Tarotkarten hat etwas mit Respekt und Wertschätzung zu tun – wertschätzend behandelt, können sie am besten »funktionieren«. Heutzutage sind die Boxen, in die dein Deck verpackt ist, wenn du es kaufst, oft schon perfekt für die Aufbewahrung geeignet. Alternativ ist es auch schön, wenn du sie in ein Seidentuch einschlägst.

Wenn dieses einfarbig ist, kannst du es auch als Unterlage beim Legen verwenden. Du kannst für deine Karten aber auch Stoffbeutel oder schön bemalte Holzschachteln selbst gestalten oder im Fachhandel erstehen.

## 16. MUSS ICH UMGEKEHRTE KARTEN DEUTEN?

Viele Reader können mit umgekehrten, auf dem Kopf liegenden Karten nichts anfangen. Sie verspüren einen großen Widerwillen, Bilder zu deuten, die in einer Kartenlegung auf dem Kopf, also »falsch herum« liegen. Argumente dafür gibt es genug: Ein Tarotset besteht schließlich bereits aus 78 Karten. Diese vielen Bedeutungen müssen erst einmal alle auswendig gelernt werden! Was braucht es denn da noch für zusätzliche Deutungen? Außerdem irritieren verkehrtherum liegende Karten oft das ästhetische Gefühl der Betrachtenden und hemmen dadurch deren Intuition. Wir Menschen sind Gewohnheitstiere und mögen es nicht, wenn unsere Welt – oder unsere Karten – auf den Kopf gestellt werden. Auch wenn Tarot zunehmend psychologisch gedeutet wird, werden umgekehrte Karten viel zu oft als negativ und fatalistisch betrachtet. Menschen reagieren auf sie mit Angst und Vorsicht. Doch sind umgekehrte Karten nicht nur die bloße Umkehrung der aufrechten Bedeutung einer Karte. Vielmehr repräsentieren auf dem Kopf liegende Karten manchmal blockierte Energien, die bei einer Problemlösung nützlich sein könnten. Umgekehrte Tarotkarten lassen dich einen Blick hinter den

Schleier des Naheliegenden auf die mystische »andere Seite« werfen. Sie führen – nicht nur – bei der Karteninterpretation über die Grenzen hinaus und entführen dich in das Reich der Potenziale und unbewussten Motive hinter einer Fragestellung. Es kann also interessant sein, sich mit ihnen zu beschäftigen. Für weitere Gedanken empfehlen wir dir die Artikel der tollen Mary K. Greer zum Thema.

## 17. WIE GEHE ICH MIT KRITIK AM KARTENLEGEN UM?

Über Geschmack lässt sich bekanntlich nicht streiten: Das »Funktionieren« des Kartenlegens ist ebenso wenig beweisbar wie eine bestimmte Gottesauslegung. Leider muss man sich aber anders als bei religiösen Ansichten in Sachen Kartenlegen oft verteidigen. »Ich glaube an solche Dinge ja nicht«, hört man da oft – wobei wir uns immer fragen, was denn bloß mit »solchen Dingen« gemeint sein könnte. Nachhaken endet aber meist nur in unfruchtbaren Diskussionen.

Überlege dir einfach gut, mit wem du über dein Hobby sprichst, und bekehre nicht. Wenn du in deinem Bekanntenkreis kein Verständnis für deine Leidenschaft findest – es gibt zahlreiche Foren und Social Media Gruppen, in denen du dich sofort mit Gleichgesinnten vernetzen kannst. Zudem gibt es in vielen Städten auch persönliche Treffs, bei denen sich Tarotbegeisterte zum Austausch über die gemeinsame Passion zusammenfinden. Eine Liste vieler solcher Treffs hält der Tarot e.V. auf seiner Homepage bereit.

## 18. WIE ERKENNE ICH SERIÖSE KARTEN-READER?

Prinzipiell haben seriöse Reader eine transparente Homepage und arbeiten auch bei der Arbeit am Telefon unter einer registrierten Adresse. Sie besprechen Dauer, Ablauf und Kosten einer Beratung vorher mit dir und halten sich an diese Absprachen. Sie geben klare Auskunft über ihre Arbeitsweise, fordern dich nicht ständig zu erneuter Kontaktaufnahme auf, verkaufen dir ungefragt keine Zaubersprüche und arbeiten lösungsorientiert. Sie schreiben dich auf Insta nicht per PM an, um dir etwas zu verkaufen.

Unsere Empfehlung: Das Beratungsverzeichnis des Tarot e.V. auf www.tarotverband.de/tarot-beratung, in dem du auch uns findest. Alle dort aufgeführten Beraterinnen und Berater haben sich einem auf der Homepage einsehbaren Ehrenkodex verpflichtet, manche – wie Kirsten und S. ROE – sogar einer Prüfung durch den Verein unterzogen.

## 19. DARF ICH MEHRERE READER ZUR SELBEN FRAGE KONSULTIEREN?

Du solltest dich fragen, woher dein Misstrauen kommt. Es ist nicht anders, als wenn du wegen eines Problems zu mehr als einem Arzt oder Ärztin gehst. Es geht hier um Vertrauen. Einmal um das Vertrauen zu der beratenden Person und einmal um das Vertrauen zu dir selbst. Es kann Sinn machen, dir mehr als eine Meinung zu holen. Bei mehr als drei Meinungen misstraust du jedoch vielleicht nicht der Antwort, sondern generell dir selbst und dementsprechend auch dem Rat von außen. Die beste Antwort wäre hier vielleicht: Mehr als drei Meinungen zum selben Thema stiftet mehr Verwirrung als Klarheit. Außerdem solltest du dich fragen, ob du einen Rat von anderen wirklich annehmen und umsetzen kannst. Letztendlich solltest du natürlich erproben, mit wem du dich am besten verstehst, falls du nicht zufrieden mit einer Beratung warst.

## 20. WAS MACHE ICH MIT »JUMPER KARTEN«?

Du bist in einem Reading hoch konzentriert, hast deine Frage gut formuliert und beim Mischen fallen dir nun Karten aus dem Deck – die »Jumper Karten«. War das ein Zeichen des Universums? Haben dir die Karten schon etwas Wichtiges enthüllen wollen? Oder war dies nur deiner Nervosität geschuldet? Nun, das entscheidest allein du. Wichtig ist jedoch, dass du vor dem Beginn deines Readings festlegst, wie du mit solchen Karten umgehst. Erhalten die Karten einen besonderen Platz und werden in die Interpretation mit einbezogen oder legst du sie einfach wieder in den Stapel und mischst weiter?

## 21. WAS MACHE ICH NACH EINEM READING?

Lege deine Karten wieder zurück an den von dir dafür bestimmten Platz. Vielleicht möchtest du sie vorher sortieren oder neutralisieren. Wenn es für dich notwendig ist, erde dich und komme kurz mit geschlossenen Augen zur Ruhe. Es ist auch eine gute Idee, das Zimmer zu lüften, in dem du gedeutet hast.

## 22. BRAUCHE ICH EIN TAROT-JOURNAL?

Für den Start ist es eine sehr gute Idee, wenn du dir deine Legungen und generellen Tarot-Gedanken regelmäßig notierst. So protokollierst du deine Lernfortschritte und kannst deine Deutungen später auf ihre Stimmigkeit überprüfen. ROE z.B. hat immer noch zwei dicke Ordner mit Notizen in seinem Regal. Kirsten hat alles in dicke Tagebücher geschrieben, heute nutzt sie dafür die App Evernote. Schöne Tarot-Journals gibt es auch zu kaufen.

# Auf in die Legepraxis!

Um Karten deuten zu können, bedarf es der Übung und kreativer Legesysteme, die auf deine Fragen zugeschnitten sind. Im Folgenden findest du daher neben dem Einstiegs-Klassiker, dem Tageskarten-Ziehen, jeweils das persönliche Lieblings-Spread von jedem von uns dreien.

## 1. TAGESKARTEN ZIEHEN – IDEAL FÜR DEN SCHNELLEINSTIEG INS KARTENLEGEN

Es ist ein typischer Tarot-Anfängerfehler, sich ohne viel Erfahrung an Legesysteme mit aufregenden Namen und vielen Karten zu wagen. Schnell haben Tarotbegeisterte so Probleme mit der Zusammenschau der Karten und verlieren die Lust am Orakeln. Hier hilft die bewährte Regel: Weniger ist mehr! Warum nicht einfach mal mit Tageskarten beginnen? Sicher, es mag viel spannender sein, einer Legung zu entlocken, wann der Herzensmann anruft oder ob es mit dieser Frau endlich klappt. Aber was nützt die schönste Legeweise zu diesen Themen, wenn du die ausliegenden Karten lediglich hilflos betrachtest?

Außerdem bedeutet das Ziehen von Tageskarten viel mehr, als einfach nur das eigene Lege-Vokabular zu erweitern. Die tägliche Auseinandersetzung mit den Karten trägt zur Fokussierung innerhalb des hektischen Alltags und zur Selbsterkenntnis bei. Es trainiert die Intuition und hilft dir, von festgefahrenen Legemustern wegzukommen, vielleicht sogar deine eigenen Legesysteme zu entwickeln. Ein interessanter Nebeneffekt – das Ziehen von Tageskarten widerlegt die Behauptung, du müsstest nur lange genug Tarotkarten ziehen, um jede einmal in der Hand gehabt zu haben. Wenn du es selbst ausprobierst, erkennst du schnell, dass die gezogenen Karten immer um ein Grundthema kreisen, das es derzeit in deinem Leben zu bearbeiten gilt.

### Tageskarten ziehen – wie geht das genau?

Zwei verschiedene Vorgehensweisen haben sich bei dieser Praxis durchgesetzt:

A) Nimm dir jeden Morgen Zeit und Ruhe, die Karten in der dir gewohnten Weise zu mischen und eine zu ziehen. Es ist keine Frage notwendig, doch wenn dich etwas bezüglich des bevorstehenden Tages bewegt, kannst du es gern formulieren. Lass das gezogene Bild auf dich wirken und berücksichtige möglichst viele Bedeutungsebenen – konkrete Ereignisse, Begegnungen, Nachrichten, Stimmungen. Vielleicht notierst du auch deine Eindrücke in einem Journal oder Tagebuch. Idealerweise überprüfst du abends, ob deine Deutung für dich rückschauend stimmig war oder ergänzt, was sie für dich tatsächlich bedeutet hat.

B) Auch hier ziehst du morgens eine Karte, doch lässt du sie außerhalb des Stapels umgedreht liegen. Betrachte sie erst abends und überlege, wie du den vergangenen Tag in ihr wiederfindest. So können dir als negativ empfundene Bilder nicht den Tag verderben oder besonders gern gezogene Karten zu hohe Erwartungen wecken. Die Vorgehensweise ist daher besonders dann zu empfehlen, wenn etwas Wichtiges ansteht: ein Bewerbungsgespräch, ein Blind Date oder ein Besuch beim Zahnarzt. Es ist etwas ganz anderes, ob du einen solchen Tag mit der Ziehung des Turms beginnst oder ob du dich abends entspannt mit den positiven und negativen Aspekten dieser Karte auseinandersetzen kannst. Allerdings trainiert diese Vorgehensweise das Aufstellen von Prognosen weniger als die erste Variante.

## 2. KIRSTENS LIEBLINGSLEGUNG

### Siebener Parabel

Die *Siebener Parabel* ist eine Variante des *Keltischen Kreuzes,* die ich in einem der Bücher von Hajo Banzhaf gefunden habe. Sie ist aber übersichtlicher, da du nur sieben statt zehn Karten deuten musst – und hat eine wertvolle Position, die es im *Keltischen Kreuz* nicht gibt: den Rat der Karten. Ich nutze sie als Standard bei fast allen meinen Beratungen. Hier sind die Positionen. Sie sind vom Original abgewandelt, da sich die Legung im Laufe meiner Deutungsarbeit entwickelt hat.

**Position 1:** Die Vergangenheit, oder das, was jetzt gerade zu Ende geht
**Position 2:** Die Gegenwart

**Position 3:** Die Zukunft, oder das, was gerade beginnt
**Position 4:** Das ist zu tun
**Position 5:** Das begegnet mir im Außen
**Position 6:** Die Frage hinter der Frage
**Position 7:** Ergebnis, Ausgang: das, was bleibt

## 3. S. ROES LIEBLINGSLEGUNG

### Das Geheimnis der Hohepriesterin

Dieses Legesystem wurde auch von Hajo Banzhaf entwickelt und war eine seiner liebsten Auslagemethoden. Für dieses System werden 9 Karten gezogen. Besonders geeignet ist es für Fragen zur Entwicklung von bestimmten Ereignissen. Besonders schön bei der *Hohepriesterin* ist die Sichtbarwerdung der Entwicklung von der jüngeren Vergangenheit über das Hier und Jetzt hin zur nahen Zukunft. Außerdem erkennst du dank dieser Legeweise deine tieferen Beweggründe und Entwicklungsmöglichkeiten. Basis dieses Systems ist die Karte »Hohepriesterin« aus dem Tarot von Waite & Smith.

**Position 1 + 2:** Hier liegt der Hauptimpuls/das Thema, um das es geht (Das Kreuz auf der Brust der Hohepriesterin)
**Position 3:** Der gegenwärtige Hauptimpuls (steht für den Vollmond – Die Krone der Hohepriesterin)
**Position 4:** Der zunehmende Impuls (zunehmender Mond, Die Krone der Hohepriesterin)

**Position 5:** Der abnehmende Impuls (abnehmender Mond, Die Krone der Hohepriesterin)

**Position 6:** Deine unbekannten Impulse bzw. unbekannte Seite deines Seins. Etwas, das du aber vielleicht erahnst. (Dunkle Säule der Karte)

**Position 7:** Deine bekannten Impulse bzw. bekannte Seite deines Seins. Etwas, das du vielleicht schon bewusst erkennst. (Helle Säule der Karte)

**Position 8:** Was dir als Nächstes begegnet. Dabei wird nicht zwischen Gefühlen, Zuständen oder der eingetroffenen Realität unterschieden.

**Position 9:** Diese Karte ist ein »Jolly Joker«. Sie wird erst ganz zum Schluss aufgedeckt. Diese Karte verrät ein Geheimnis über einen tiefen Sinn. Hajo hat diese Karte nur gedeutet, wenn es ein Großes Arkanum war. Ich interpretiere sie aber auch, wenn dies nicht der Fall ist, denn auch ein »kleines Geheimnis« kann wichtig sein.

Übrigens findest du in dem Buch »Moderne Tarot-Spreads«, das ich zusammen mit Katharina Lucht geschrieben habe, viele weitere spannende Legungen.

## 4. BEAS LIEBLINGSLEGUNG

### Das Fegefeuer

Auch diese Legeweise wurde von Hajo Banzhaf inspiriert und von unserer Verbandskollegin Astrid Bonfigt weiterentwickelt. Gelegt werden vier Karten. Dieses System kann Auskunft darüber geben, welches Thema derzeit im täglichen Leben nach Aufmerksamkeit verlangt und angegangen werden will. Meist ist dieses Thema verschlüsselt in einem bestimmten Problem, das in deinem Leben in immer kürzeren Abständen wieder und wieder auftaucht und hartnäckig bestehen bleibt. Überdies können die Karten Hinweise geben, wie du mit diesem Thema umgehen solltest und welchem Ziel es dient.

**Position 1:** Das steht im Feuer. Das Thema, das ansteht bzw. das Problem, das von dir gelöst werden will.

**Position 2:** Das hat es ausgelöst. Der Grund, aus dem das Thema oder das Problem erwachsen ist. Die Voraussetzung, warum es Thema wurde (Position 1).

**Position 3:** Das schützt oder hilft. Vorschlag zu einer bestimmten Einstellung oder Verhaltensweise, mit der du das Thema/Problem annehmen oder angehen kannst.

**Position 4:** Dort oder darin liegt der Sinn/das Ziel. Die Karte auf dieser Position kann dir Information über den tieferen Sinn des Themas/Problems geben. Sie kann aber auch anzeigen, was du erreichen kannst/solltest.

Auf dieser Seite des Tarot Guides werden die positiven und motivierenden Aspekte der Karte dargestellt.

**LICHT**

**AFFIRMATION** Eine Affirmation ist eine positiv formulierte Aussage, die das Erleben und die Energie der jeweiligen Karte ausdrückt. Sie soll dir helfen, blitzschnell zu begreifen, wie die Karte sich anfühlt. Sie kann auch als »Lebensmotto« der Tarotkarte angesehen werden.

**ARCHETYP** Ein Archetyp beschreibt einen Charakter, mit dem man sich in einer bestimmten Lebenssituation identifizieren kann und der seine Vorbilder in der Welt der Literatur, der Mythen und Märchen oder Hollywood findet.

**NUMEROLOGIE** Hier findest du Schlagwörter zur Bedeutung der Zahl aus numerologischer Sicht.

**ELEMENT** Hier findest du das dazugehörige Element der jeweiligen Tarotkarte. Es werden vier Elemente unterschieden: Feuer, Wasser, Luft und Erde.

**ASTROLOGIE** Hier findest du die astrologischen Zuordnungen der Karte.

**BASICS** Unter »Basics« findest du die wichtigsten Grundbedeutungen der Karte. Diese werden im Licht sowie im Schatten aufgeführt.

**GEFÜHLE** Wie kann sich die Karte im (täglichen) Er-leben anfühlen? Hier findest du die jeweiligen Emotionen im Licht sowie im Schatten.

**HANDLUNGSEMPFEHLUNG** Eine Empfehlung, was die Tarotkarte dir sagen oder wozu sie dich motivieren könnte. Du entscheidest selbst, ob du es umsetzt oder nicht. Diese Empfehlung wird nur bei der Lichtseite der Tarotkarte behandelt.

Auf dieser Seite werden die negativen und herausfordernden Aspekte der Karte dargestellt. Hierbei kann das Erleben in zwei Richtungen (zu positiv sowie zu negativ) unterschieden werden.

## SCHATTEN

**HERAUSFORDERUNGEN** Diese findest du ausschließlich bei der Schattenseite der Karte. Dort stehen Herausforderungen anstatt positiv formulierter Affirmationen. Hierbei wird zusammengefasst, was dir oder deinen Klienten und Klientinnen mit dem Schattenerlebnis der Tarotkarte begegnen könnte.

**DIE SCHATTENSEITEN** können in zwei Richtungen (zu positiv sowie zu negativ) unterschieden werden, die hier zwei Symbole darstellen. Bei dem Plus-Zeichen kannst du lesen, was passieren könnte, wenn man die Tarotkarte zu positiv, bzw. zu stark erlebt. Bei dem Minus-Zeichen steht, was passieren könnte, wenn man die Tarotkarte zu negativ, bzw. unausgeglichen erlebt. In beide Richtungen kann also »übertrieben« werden. Die Grundlage hierfür stellt die Lichtseite der Karte dar.

**VERBESSERUNGSVORSCHLAG** Im Schatten findest du einen Verbesserungsvorschlag anstatt einer Handlungsempfehlung. Hier beschreiben wir, wie du deine Situation aktiv zum Besseren verändern, bzw. dich wieder mehr ausgleichen könntest.

**CHARAKTER** Bei den Hofkarten wirst du den Punkt Charakter anstatt Archetyp vorfinden. Da die Hofkarten zumeist Persönlichkeiten- oder Persönlichkeitsaspekte darstellen, wird hier ein Charakterzug beschrieben.

Wie du dieses Buch verwenden kannst

# Die Großen Arkana

## Archetypische Stationen auf Deiner spirituellen Reise

DER EREMIT
RAD DES SCHICKSALS
GERECHTIGKEIT
DER GEHÄNGTE
TOD
MÄSSIGKEIT
DER TEUFEL
DER TURM
DER STERN
DER MOND
DIE SONNE
GERICHT
DIE WELT

# 0 DER NARR

**LICHT**

| | |
|---|---|
| **AFFIRMATION** | »Ich habe Lust auf ein Abenteuer!« |
| **ARCHETYP** | Die Heldin oder der Held, der oder die die eigene Reise antritt, deine Reise |
| **NUMEROLOGIE** | 0 – das Ungeformte, auch ein leerer Kreis, den es mit Inhalt zu füllen gilt |
| **ELEMENT** | Luft |
| **ASTROLOGIE** | Uranus (traditionell: Wurzel der Luft) |

---

| | |
|---|---|
| **BASICS** | Aufbruch, Abenteuer, Start, Risikobereitschaft, Unschuld, Leichtigkeit |
| **GEFÜHLE** | motiviert, neugierig, beflügelt, mutig, ergebnisoffen |
| **HANDLUNGS-EMPFEHLUNG** | Erforsche neue Situationen unvoreingenommen! |

# 0
# DER NARR

SCHATTEN ⇩

## HERAUSFORDERUNGEN

\+ »Ich habe Angst vor Veränderung!«

– »Ich schlage über die Stränge!«

---

| | |
|---|---|
| **BASICS** | Rücksichtslosigkeit, Naivität, Unzuverlässigkeit, Sprunghaftigkeit, Verantwortungslosigkeit |
| **GEFÜHLE** | ängstlich, unsicher, rastlos, planlos, unüberlegt |
| **VERBESSERUNGSVORSCHLAG** | Öffne dich neuen Erfahrungen, ohne andere zu verletzen! |

# 1
# DER MAGIER

⬆ **LICHT**

| | |
|---|---|
| **AFFIRMATION** | »Ich erschaffe!« |
| **ARCHETYP** | männlicher oder weiblicher Trickster |
| **NUMEROLOGIE** | 1: Der Anfang |
| **ELEMENT** | Luft |
| **ASTROLOGIE** | Merkur |

---

| | |
|---|---|
| **BASICS** | Schöpferkraft, Potenzialentfaltung, Überzeugungskraft, Ausstrahlung, Magisches Denken, Multitasking |
| **GEFÜHLE** | energiegeladen, begeistert, fröhlich, inspiriert |
| **HANDLUNGSEMPFEHLUNG** | Nutze dein Potenzial und gestalte (d)eine Welt! |

# 1 DER MAGIER

**SCHATTEN ⇩**

**HERAUSFORDERUNGEN**

+ »Ich manipuliere selbstsüchtig!«
– »Ich finde meine Ideen wertlos!«

---

| | |
|---|---|
| **BASICS** | Fehleranfälligkeit, Konzentrationsschwäche, niedriges Selbstwertgefühl, Beeinflussbarkeit |
| **GEFÜHLE** | ausgelaugt, zweifelnd, skeptisch, sarkastisch, sinnlos, launisch, nicht selbstbewusst |
| **VERBESSERUNGSVORSCHLAG** | Vertraue auf deine Fähigkeiten und versuche nicht, andere zu überzeugen! |

# 2 DIE HOHE-PRIESTERIN

⬆ LICHT

| | |
|---|---|
| **AFFIRMATION** | »Ich besitze das allumfängliche Wissen und kann es dir zur Verfügung stellen.« |
| **ARCHETYP** | Die Hebamme oder der Geburtshelfer |
| **NUMEROLOGIE** | 2: Dualität |
| **ELEMENT** | Wasser |
| **ASTROLOGIE** | Mond |

---

| | |
|---|---|
| **BASICS** | Intuition, Vertrauen in die innere Führung, unbewusste Kräfte, Eingebung, Zurückhaltung, Bauchgefühl |
| **GEFÜHLE** | verbunden, wissend, berührt, geborgen |
| **HANDLUNGS-EMPFEHLUNG** | Folge deiner inneren Stimme! |

# 2
# DIE HOHE-PRIESTERIN

## SCHATTEN ⇓

### HERAUSFORDERUNGEN

+ »Ich missbrauche mein Wissen!«
– »Ich verleugne meine Intuition!«

---

| | |
|---|---|
| **BASICS** | Unberechenbarkeit, Zaghaftigkeit, realitätsfern, Irrationalität, Verblendung |
| **GEFÜHLE** | melancholisch, unsicher, unbedeutend, haltlos, unentschieden |
| **VERBESSERUNGS-VORSCHLAG** | Werde ruhiger, damit du deine innere Stimme hören kannst! |

# 3 DIE HERRSCHERIN

**LICHT**

| | |
|---|---|
| **AFFIRMATION** | »Ich repräsentiere, bewahre und herrsche über das Leben und genieße es!« |
| **ARCHETYP** | Managerin, Chefin, Geliebte, Ehefrau, Mutter – oder Männer, die sich gern dem Familienmanagement widmen oder einen »weiblichen« Führungsstil pflegen |
| **NUMEROLOGIE** | 3: Kreativität |
| **ELEMENT** | Erde |
| **ASTROLOGIE** | Venus |

| | |
|---|---|
| **BASICS** | Yin, Fruchtbarkeit, irdischer Erfolg, Sinnlichkeit, Selbstbewusstsein, inneres und äußeres Wachstum |
| **GEFÜHLE** | selbstsicher, großzügig, lebendig, präsent, naturverbunden |
| **HANDLUNGSEMPFEHLUNG** | Genieße die Geschenke des Lebens! |

# 3 DIE HERRSCHERIN

SCHATTEN ⇩

**HERAUSFORDERUNGEN**

+ »Ich opfere mich für andere auf!«
– »Ich bin launenhaft und gierig!«

---

| | |
|---|---|
| **BASICS** | Aufopferung, Helikoptereltern, Übergriffigkeit, Selbstvernachlässigung |
| **GEFÜHLE** | passiv-aggressiv, selbstverliebt, fordernd, herrisch |
| **VERBESSERUNGSVORSCHLAG** | Fokussiere dich auf dich selbst und gib den anderen ihren Raum! |

# 4 DER HERRSCHER

⬆ LICHT

| | |
|---|---|
| **AFFIRMATION** | »Das Leben braucht Regeln, Struktur und Ordnung.« |
| **ARCHETYP** | CEO, Führungspersönlichkeiten, Macher und Macherinnen, Autoritätspersonen |
| **NUMEROLOGIE** | 4: Stabilität |
| **ELEMENT** | Feuer |
| **ASTROLOGIE** | Widder |

---

| | |
|---|---|
| **BASICS** | Macht, Autorität, Kontrolle, Absicherung, Führungsstärke |
| **GEFÜHLE** | selbstsicher, beharrlich, souverän, fokussiert, wegweisend, pragmatisch |
| **HANDLUNGS-EMPFEHLUNG** | Erschaffe Stabilität und Sicherheit im Leben! |

# 4 DER HERRSCHER

## SCHATTEN ⇩

### HERAUSFORDERUNGEN

+ »Ich weiß, was richtig für alle ist, und gebe diesen Weg vor!«
– »Ich bin eine machtlose und verantwortungslose Schachfigur!«

---

| | |
|---|---|
| **BASICS** | Unreife, übermäßige Strenge, Prinzipienreiterei, Unbelehrbarkeit |
| **GEFÜHLE** | verhärtet, entmachtet, gefühllos, mutlos, wehrlos |
| **VERBESSERUNGSVORSCHLAG** | Übernimm Verantwortung und lebe mit den Konsequenzen! |

# 5 DER HIEROPHANT

LICHT

| | |
|---|---|
| **AFFIRMATION** | »Ich weiß meine Handlungen und die Berufung im Leben sinnvoll umzusetzen.« |
| **ARCHETYP** | Lehrer oder Lehrerin |
| **NUMEROLOGIE** | 5: der beseelte Mensch |
| **ELEMENT** | Erde |
| **ASTROLOGIE** | Stier |

---

| | |
|---|---|
| **BASICS** | Bildung, Spiritualität, Einweihung, Vertrauen, Bewusstheit, Vermittlung |
| **GEFÜHLE** | gewissenhaft, weise, demütig, überzeugt, berufen |
| **HANDLUNGS-EMPFEHLUNG** | Sei bereit zu lernen und dein Wissen zu teilen! |

# 5 DER HIEROPHANT

SCHATTEN ↓

**HERAUSFORDERUNGEN**

+ »Ich dränge allen anderen meinen Glauben auf!«
– »Ich bin ein unwissender Schwätzer!«

---

| | |
|---|---|
| **BASICS** | Engstirnigkeit, Extremismus, Dogma, Sturheit, Fanatismus |
| **GEFÜHLE** | moralisierend, verloren, überheblich, aufdringlich, belehrend |
| **VERBESSERUNGSVORSCHLAG** | Überprüfe deine Glaubenssätze! |

# 6 DIE LIEBENDEN

⬆ LICHT

| | |
|---|---|
| **AFFIRMATION** | »Ich entscheide!« |
| **ARCHETYP** | Romeo und Julia – natürlich auch in der gleichgeschlechtlichen Variante |
| **NUMEROLOGIE** | 6: Vereinigung der Gegensätze |
| **ELEMENT** | Luft |
| **ASTROLOGIE** | Zwillinge |

---

| | |
|---|---|
| **BASICS** | Eigenverantwortung, Freiheitsdrang, Wille, Unabhängigkeit, Durchsetzung eigener Bedürfnisse |
| **GEFÜHLE** | verliebt, harmoniebedürftig, unverbindlich, abwägend |
| **HANDLUNGSEMPFEHLUNG** | Folge deinem Herzen! |

# 6 DIE LIEBENDEN

**SCHATTEN** ⇩

### HERAUSFORDERUNGEN

+ »Ich bin blind vor Begeisterung!«
– »Ich bin ein Spielball meiner Gefühle!«

---

| | |
|---|---|
| **BASICS** | Idealisierung, Verführung, Abhängigkeit, Projektion, toxische Liebe |
| **GEFÜHLE** | konfliktscheu, wankelmütig, fremdbestimmt, unvollständig, sehnsüchtig |
| **VERBESSERUNGSVORSCHLAG** | Nimm deine Gefühle ernst, doch lasse dich nicht von ihnen beherrschen! |

# 7
# DER WAGEN

**LICHT**

| | |
|---|---|
| **AFFIRMATION** | »Mein Ziel ist klar: Ich breche auf!« |
| **ARCHETYP** | Krieger oder Kriegerin |
| **NUMEROLOGIE** | 7: Aufbruch |
| **ELEMENT** | Wasser |
| **ASTROLOGIE** | Krebs |

| | |
|---|---|
| **BASICS** | Aufbruch, Fortschritt, Spontanität, Durchbruch, Forschergeist |
| **GEFÜHLE** | aufgeregt, motiviert, siegessicher, Adrenalin geladen, konzentriert |
| **HANDLUNGS-EMPFEHLUNG** | Freue dich auf den Aufbruch, aber denke auch daran, anzukommen. |

# 7 DER WAGEN

## SCHATTEN ⇩

### HERAUSFORDERUNGEN

+ »Ich gebe zu viel Gas!«
– »Wenn etwas nicht sofort funktioniert, gebe ich auf!«

---

| | |
|---|---|
| **BASICS** | Nervosität, Selbstüberschätzung, Größenwahn, Kapitulation, Kontrollverlust |
| **GEFÜHLE** | ungeduldig, übermotiviert, ausgebremst, hyperaktiv, undiszipliniert |
| **VERBESSERUNGS-VORSCHLAG** | Sei stolz auf deinen Fortschritt, unabhängig davon, wie schnell du ans Ziel kommst! |

# 8
# KRAFT

**LICHT**

(Im Tarot von Waite & Smith ist die Karte »Kraft« der Zahl 8 zugeordnet, im Tarot de Marseille oder bei Crowley & Harris ist die 8 die »Gerechtigkeit/Ausgleichung«)

| | |
|---|---|
| **AFFIRMATION** | »Im Hier und Jetzt habe ich alles im Griff!« |
| **ARCHETYP** | Löwenbändiger Herakles oder die Dame und das Einhorn |
| **NUMEROLOGIE** | 8: Balance |
| **ELEMENT** | Feuer |
| **ASTROLOGIE** | Löwe |

---

| | |
|---|---|
| **BASICS** | Vitalität, Energie, Triebkontrolle, Disziplin, Genussfähigkeit, Mut |
| **GEFÜHLE** | energiegeladen, kraftvoll, fit, selbstbeherrscht, lustvoll |
| **HANDLUNGS-EMPFEHLUNG** | Zähme deine Kräfte und setze sie sinnvoll ein! |

# 8 KRAFT

SCHATTEN ⇩

**HERAUSFORDERUNGEN**

+ »Ich habe mich nicht im Griff!«
– »Ich habe keine Energie dafür!«

---

| | |
|---|---|
| **BASICS** | Verzettelung, Geschmacklosigkeiten, Hemmungslosigkeit, Ausuferung, Schüchternheit |
| **GEFÜHLE** | exzessiv, ausschweifend, vulgär, ausgebrannt |
| **VERBESSERUNGSVORSCHLAG** | Überwinde deine Schwächen und erlange deine Kraft zurück! |

# 9 DER EREMIT

⬆ LICHT

| | |
|---|---|
| **AFFIRMATION** | »Ich nehme mir eine bewusste Auszeit.« |
| **ARCHETYP** | der oder die lebenserfahrene Weise |
| **NUMEROLOGIE** | 9: Vollendung |
| **ELEMENT** | Erde |
| **ASTROLOGIE** | Jungfrau |

| | |
|---|---|
| **BASICS** | Rückzug, bei sich sein, Reife, Ruhe, Sinnsuche |
| **GEFÜHLE** | nachdenklich, geerdet, gelassen, ausgeglichen, zentriert |
| **HANDLUNGS-EMPFEHLUNG** | Nutze deine Erfahrungen auf der Suche nach tieferen Antworten! |

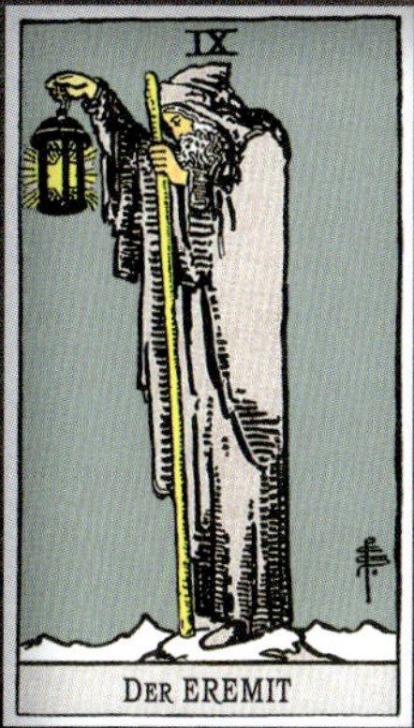


# 9
# DER EREMIT

**SCHATTEN**

### HERAUSFORDERUNGEN

+ »Ich isoliere mich und werde menschenfeindlich!«
– »Ich ignoriere meine Lebenserfahrung!«

---

| | |
|---|---|
| **BASICS** | Verstimmung, Ignoranz, Abkapselung |
| **GEFÜHLE** | einsam, melancholisch, verbittert, uneinsichtig, versteinert |
| **VERBESSERUNGSVORSCHLAG** | Überdenke deine Handlungen und stehe zu ihnen! |

# 10 RAD DES SCHICKSALS

⬆ LICHT

| | |
|---|---|
| **AFFIRMATION** | »Das einzig Beständige ist die Veränderung!« |
| **ARCHETYP** | Fortuna, das unberechenbare Glück |
| **NUMEROLOGIE** | 10: Wandlung (10 = 1 + 0: Verbindung zum Magier und Narren) |
| **ELEMENT** | Feuer |
| **ASTROLOGIE** | Jupiter |

---

| | |
|---|---|
| **BASICS** | Schicksal, Veränderung, Wandlung, Unberechenbarkeit, Zufall |
| **GEFÜHLE** | überrascht, schwindelig, aufgerüttelt, belebt |
| **HANDLUNGSEMPFEHLUNG** | Gestalte die anstehenden Veränderungen mit! |

# 10 RAD DES SCHICKSALS

SCHATTEN ⇩

**HERAUSFORDERUNGEN**

+ »Ich bin ohnmächtig und schicksalsergeben!«
– »Ich fühle, dass das Leben nur zu mir ungerecht ist!«

---

| | |
|---|---|
| **BASICS** | Schicksalsgläubigkeit, Opferhaltung, Starrheit |
| **GEFÜHLE** | ausgeliefert, ohnmächtig, betrogen, verängstigt |
| **VERBESSERUNGSVORSCHLAG** | Akzeptiere die Veränderungen in deinem Leben und nutze sie für dich! |

# 11 GERECHTIGKEIT

**LICHT**

(Im Tarot von Waite & Smith ist die Karte »Gerechtigkeit« der Zahl 11 zugeordnet, im Tarot de Marseille oder bei Crowley & Harris ist die 11 die »Kraft/Lust«)

| | |
|---|---|
| **AFFIRMATION** | »Ich ernte, was ich säe.« |
| **ARCHETYP** | Justitia oder der weise Salomon |
| **NUMEROLOGIE** | 11: Überschreitung/Ausbalancieren (11 = 1 + 1 = 2: Verbindung zur Hohepriesterin) |
| **ELEMENT** | Luft |
| **ASTROLOGIE** | Waage |

---

| | |
|---|---|
| **BASICS** | Wertung, Bewertung, Konsequenz, Fairness, Abwägung |
| **GEFÜHLE** | reif, überlegen, aufrichtig, demütig, einsichtig |
| **HANDLUNGSEMPFEHLUNG** | Sei fair und akzeptiere die Konsequenzen deines Tuns! |

# 11 GERECHTIGKEIT

SCHATTEN ⇩

**HERAUSFORDERUNGEN**

+ »Ich bin voreingenommen.«
– »Ich bin ungerecht!«

---

| | |
|---|---|
| **BASICS** | Kurzsichtigkeit, Ungerechtigkeit, Selbstüberschätzung, Sturheit |
| **GEFÜHLE** | überheblich, unrealistisch, unausgeglichen, unfair |
| **VERBESSERUNGSVORSCHLAG** | Versetze dich in die Lage deines Gegenübers! |

# 12 DER GEHÄNGTE

LICHT

| | |
|---|---|
| **AFFIRMATION** | »Es dauert so lange, wie es dauert.« |
| **ARCHETYP** | das Opfer |
| **NUMEROLOGIE** | 12: Vollendung, es wird rund (12 = 1 + 2 = 3: Verbindung zur Herrscherin) |
| **ELEMENT** | Wasser |
| **ASTROLOGIE** | Neptun |

---

| | |
|---|---|
| **BASICS** | Passivität, Lockdown, Hingabe, Stillstand, Opfer, Loslassen, Perspektivwechsel |
| **GEFÜHLE** | entspannt, beobachtend, festgehalten, friedlich, verantwortungsbefreit |
| **HANDLUNGS-EMPFEHLUNG** | Akzeptiere diese Situation. |

# 12 DER GEHÄNGTE

**SCHATTEN** ⇩

### HERAUSFORDERUNGEN

+ »Ich versuche, Situationen zu beschleunigen.«
– »Ich verfalle in Pessimismus!«

---

| | |
|---|---|
| **BASICS** | Handlungsdrang, Kontrollverlust, sinnloser Aktionismus, sich in etwas reinsteigern, Kapitulation |
| **GEFÜHLE** | ohnmächtig, handlungsunfähig, ausgeliefert, überfordert |
| **VERBESSERUNGS-VORSCHLAG** | Entspanne dich und lass zu, was gerade entsteht! |

# 13 TOD

LICHT

| | |
|---|---|
| **AFFIRMATION** | »Ich schaue nach vorn!« |
| **ARCHETYP** | Sensenmann oder Todesengel |
| **NUMEROLOGIE** | 13: Stirb und werde (13 = 1 + 3 = 4: Verbindung zum Herrscher) |
| **ELEMENT** | Wasser |
| **ASTROLOGIE** | Skorpion |

---

| | |
|---|---|
| **BASICS** | Ende, Verlust, Trauer, Abschied, Transformation |
| **GEFÜHLE** | leer, erleichtert, befreit, einsam, erschöpft |
| **HANDLUNGS-EMPFEHLUNG** | Akzeptiere, dass der Tod das Leben begleitet! |

# 13
# TOD

SCHATTEN ⇩

### HERAUSFORDERUNGEN

+ »Ich lebe permanent in meiner Trauer.«
– »Ich lasse die Trauer nicht zu.«

---

| | |
|---|---|
| **BASICS** | Sinnlosigkeit, Panik, Angst, übermäßiger Schmerz, Verdrängung |
| **GEFÜHLE** | hilflos, antriebslos, bestraft, verlassen |
| **VERBESSERUNGSVORSCHLAG** | Versuche, dich auf positive Ereignisse im Hier & Jetzt zu fokussieren! |

# 14 MÄSSIGKEIT

LICHT

| | |
|---|---|
| **AFFIRMATION** | »Ich bin in meiner Mitte.« |
| **ARCHETYP** | Schutzengel |
| **NUMEROLOGIE** | 14: Hilfe in der Not<br>(14 = 1 + 4 = 5: Verbindung zum Hierophanten) |
| **ELEMENT** | Feuer |
| **ASTROLOGIE** | Schütze |

| | |
|---|---|
| **BASICS** | Zufriedenheit, Heilung, Wellness, Verarbeitung |
| **GEFÜHLE** | geduldig, maßvoll, ausgeglichen, behütet |
| **HANDLUNGS-EMPFEHLUNG** | Nimm dir ausreichend Zeit, wieder zu Kräften zu kommen. |

# 14 MÄSSIGKEIT

SCHATTEN ⇩

**HERAUSFORDERUNGEN**

+ »Ich bin zu empfindlich.«
– »Ich finde keinen Frieden.«

---

| | |
|---|---|
| **BASICS** | Verwundbarkeit, Rastlosigkeit, Realitätsflucht, Unzufriedenheit |
| **GEFÜHLE** | unausgeglichen, launisch, maßlos, unruhig |
| **VERBESSERUNGSVORSCHLAG** | Erlaube dir eine Auszeit und komm zurück in deine Kraft! |

# 15
# DER TEUFEL

## LICHT

| | |
|---|---|
| **AFFIRMATION** | »Ich begegne unerwarteten Seiten von mir und nehme sie an.« |
| **ARCHETYP** | der Verführer oder die Verführerin |
| **NUMEROLOGIE** | 15: Beleuchtung des Schattens (15 = 1 + 5 = 6: Verbindung zu den Liebenden) |
| **ELEMENT** | Erde |
| **ASTROLOGIE** | Steinbock |

---

| | |
|---|---|
| **BASICS** | Schattenarbeit, Selbsterkenntnis, (sexuelle) Ausstrahlung, Anziehungskraft, Extreme, Euphorie |
| **GEFÜHLE** | selbstverliebt, selbstsicher, egoistisch, attraktiv, hemmungslos |
| **HANDLUNGS-EMPFEHLUNG** | Akzeptiere, dass du auch dunkle, dir unangenehme Seiten hast! |

# 15
# DER TEUFEL

**SCHATTEN** ⇩

### HERAUSFORDERUNGEN

+ »Ohne [...] kann ich nicht leben.«
– »Ich bin nur das Licht und die Liebe.«

---

**BASICS** Abhängigkeit, Grenzausreizung, Kontrollverlust, Identitätsverlust, Verteufelung, Verdrängung, Übergriffigkeit

**GEFÜHLE** manipuliert, beherrscht, benutzt, schmutzig, beschämt

**VERBESSERUNGSVORSCHLAG** Sei ehrlich zu dir – wäre es nicht gut, Hilfe im Außen in Anspruch zu nehmen?

# 16 DER TURM

⬆ LICHT

| | |
|---|---|
| **AFFIRMATION** | »Ich stelle mich mutig der Herausforderung!« |
| **ARCHETYP** | Turmbau zu Babel |
| **NUMEROLOGIE** | 16: Zerstörung ausgedienter Strukturen (16 = 1 + 6 = 7: Verbindung zum Wagen) |
| **ELEMENT** | Feuer |
| **ASTROLOGIE** | Mars |

| | |
|---|---|
| **BASICS** | Erschütterung, Zerstörung der Komfortzone, aufbrechende Glaubensmuster, Geistesblitz |
| **GEFÜHLE** | überrascht, aufgewühlt, befreit, wachgerüttelt |
| **HANDLUNGS-EMPFEHLUNG** | Nimm die radikale Veränderung an und richte dich neu aus! |

# 16 DER TURM

**SCHATTEN**

### HERAUSFORDERUNGEN

+ »Ich zerstöre sinnlos.«
– »Ich verharre aus Angst in meinem alten Leben.«

---

**BASICS** Trugschluss, Uneinsichtigkeit, Schockstarre, Trauma, seelische Erschütterung, Quälerei, Schwarzmalerei

**GEFÜHLE** ohnmächtig, empfindlich, erschöpft, abgeschlagen, ausgelaugt

**VERBESSERUNGSVORSCHLAG** Übernimm Verantwortung für deinen Anteil am Geschehen und lasse Veränderung zu!

# 17 DER STERN

⬆ LICHT

| | |
|---|---|
| **AFFIRMATION** | »Ich folge meiner Vision!« |
| **ARCHETYP** | Leitstern, Vision Quest |
| **NUMEROLOGIE** | 17: Selbstverwirklichung (17 = 1 + 7 = 8: Verbindung zur Kraft/zur Gerechtigkeit) |
| **ELEMENT** | Luft |
| **ASTROLOGIE** | Wassermann |

---

| | |
|---|---|
| **BASICS** | Urvertrauen, Klarheit, Visionskraft, Hoffnung, Individualität, Gewissheit |
| **GEFÜHLE** | beseelt, hoffnungsvoll, zuversichtlich, selbstsicher |
| **HANDLUNGS-EMPFEHLUNG** | Glaube an deinen Traum und mache ihn wahr! |

# 17 DER STERN

## SCHATTEN ⇩

**HERAUSFORDERUNGEN**

+ »Ich verliere mich in unrealistischen Vorstellungen.«
– »Ich sehe keinen Sinn in meinem Leben.«

---

| | |
|---|---|
| **BASICS** | Misstrauen in die Zukunft, unrealistische Illusionen, Destruktivität |
| **GEFÜHLE** | hoffnungslos, niedergeschlagen, verloren, desillusioniert |
| **VERBESSERUNGSVORSCHLAG** | Trenne dich von unrealistischen Träumen und mache die realistischen wahr! |

# 18
# DER MOND

**LICHT**

| | |
|---|---|
| **AFFIRMATION** | »Ich stelle mich meinen Gefühlen!« |
| **ARCHETYP** | die Anderswelt |
| **NUMEROLOGIE** | 18: Seelentiefe (18 = 1 + 8 = 9: Verbindung zum Eremiten) |
| **ELEMENT** | Wasser |
| **ASTROLOGIE** | Fische |

---

| | |
|---|---|
| **BASICS** | Fantasiewelt, Illusion, Irrationalität, Traumwelt |
| **GEFÜHLE** | sentimental, verträumt, berührt, inspiriert |
| **HANDLUNGS-EMPFEHLUNG** | Lasse dich von deinen Gefühlen durch das Dunkel leiten! |

# 18 DER MOND

SCHATTEN ⇩

**HERAUSFORDERUNGEN**

+ »Ich werde von meinen Gefühlen überwältigt.«
– »Ich verdränge meine Gefühle.«

---

**BASICS** Alpträume, Einbildung, Täuschung, Verirrung, Verwirrung

**GEFÜHLE** melancholisch, vernebelt, ängstlich, unruhig, aufgewühlt

**VERBESSERUNGSVORSCHLAG** Lasse Unklarheiten zu und gehe weiter auf dein Ziel zu!

# 19 DIE SONNE

⬆ LICHT

**AFFIRMATION** »Ich weiß, wer ich bin.«

**ARCHETYP** das Innere Kind

**NUMEROLOGIE** 19: Schicksalserfüllung (19 = 1 + 9 = 10 = 1 + 0: Verbindung zum Magier, Narren und Rad des Schicksals)

**ELEMENT** Feuer

**ASTROLOGIE** Sonne

---

**BASICS** Lebendigkeit, unbändige Kraft, Vitalität, Präsenz, Charisma

**GEFÜHLE** lebensfroh, unbeschwert, selbstsicher, begeistert

**HANDLUNGSEMPFEHLUNG** Vertraue darauf: Alles ist möglich!

# 19 DIE SONNE

SCHATTEN ⇩

**HERAUSFORDERUNGEN**

+ »Ich rede mir meine Welt schön!«
– »Meine Welt ist schöner als deine!«

---

| | |
|---|---|
| **BASICS** | Narzissmus, Selbstsucht, Überheblichkeit, Scheinwelt |
| **GEFÜHLE** | selbstverliebt, arrogant, egozentrisch, hochmütig |
| **VERBESSERUNGSVORSCHLAG** | Mache einen Faktencheck und betrachte die Situation realistisch! |

# 20 GERICHT

⬆ LICHT

| | |
|---|---|
| **AFFIRMATION** | »Die großen Zusammenhänge meiner Situation werden mir klar.« |
| **ARCHETYP** | die Prüfung |
| **NUMEROLOGIE** | 20: Ausgewogenheit (20 = 2 + 0 = 2: Verbindung zur Hohepriesterin) |
| **ELEMENT** | Wasser |
| **ASTROLOGIE** | Pluto |

---

| | |
|---|---|
| **BASICS** | Fügung, Befreiung, Phönix aus der Asche, Erwachen, Weckruf, tiefe Gewissheit |
| **GEFÜHLE** | erlöst, befreit, losgelöst, lebendig, verbunden, bestätigt |
| **HANDLUNGS-EMPFEHLUNG** | Überprüfe, was und wer in deinem Leben Sinn macht! |

# 20 GERICHT

SCHATTEN ⇩

**HERAUSFORDERUNGEN**

+ »Ich nehme mich selbst zu wichtig.«
– »Ich schrecke vor der Herausforderung zurück.«

---

| | |
|---|---|
| **BASICS** | Opferhaltung, Selbstzweifel, Selbstverurteilung, Abmahnung, Verdrängung, Realitätsverweigerung, Selbstsabotage |
| **GEFÜHLE** | minderwertig, unsicher, unentschieden, labil, haltlos, schwankend |
| **VERBESSERUNGS-VORSCHLAG** | Mach eine ehrliche Bestandsaufnahme und setze auf das, was gerade gut funktioniert! |

# 21 DIE WELT

⬆ LICHT

| | |
|---|---|
| **AFFIRMATION** | »Ich feiere meinen großen Erfolg.« |
| **ARCHETYP** | die Welt |
| **NUMEROLOGIE** | 21: Ganzheit (21 = 2 + 1 = 3: Verbindung zur Herrscherin) |
| **ELEMENT** | Erde |
| **ASTROLOGIE** | Saturn |

---

| | |
|---|---|
| **BASICS** | Vollendung, Lebensfreude, Abschlussfeier, Happy End, höhere Erkenntnis |
| **GEFÜHLE** | erfüllt, angekommen, zufrieden, vollkommen |
| **HANDLUNGS-EMPFEHLUNG** | Genieße deinen Erfolg! |

# 21 DIE WELT

## SCHATTEN ⇩

### HERAUSFORDERUNGEN

+ »Ich überschätze meinen Erfolg.«
– »Ich kann meinen Erfolg nicht annehmen.«

---

| | |
|---|---|
| **BASICS** | Abwertung, Überbewertung, Maßlosigkeit, freudloser Abschluss, Destruktivität |
| **GEFÜHLE** | unflexibel, unzufrieden, perspektivlos, übersättigt |
| **VERBESSERUNGSVORSCHLAG** | Ein Lebensabschnitt geht zu Ende – freue dich auf den nächsten! |

# Die Hofkarten

## Innere und äußere Charaktere, die du auf deiner spirituellen Reise triffst

### DER HOF DER STÄBE

Feurig, dynamisch, leidenschaftlich, zukunftsorientiert, willensstark, ungeduldig

### DER HOF DER SCHWERTER

Diszipliniert, kommunikativ, verstandesorientiert, intellektuell, strukturiert, logisch, neugierig, analytisch, bewertend

## DER HOF DER KELCHE

Empathisch, intuitiv, sensibel, emotional, fantasievoll, romantisch, sozial, abgrenzungsschwach

»Ich fühle.«

## DER HOF DER MÜNZEN

Materiell, schöpferisch, praktisch, realistisch, solide, bodenständig, nach Sicherheit strebend, festgefahren/unflexibel

»Ich manifestiere.«

# KÖNIG DER STÄBE

↑ LICHT

| | |
|---|---|
| **AFFIRMATION** | »Ich setze mich durch.« |
| **CHARAKTER** | eine mitreißende Führungspersönlichkeit |
| **ELEMENT** | Luft des Feuers |
| **ASTROLOGIE** | 20° Krebs – 20° Löwe: 12. Juli – 11. August |

---

| | |
|---|---|
| **BASICS** | Ehrgeiz, Disziplin, Willenskraft, Überzeugungskraft, Charisma, Timing |
| **GEFÜHLE** | fokussiert, vitalisiert, kontrolliert, selbstbeherrscht, mitreißend |
| **HANDLUNGSEMPFEHLUNG** | Nutze dein inneres Feuer, um aktiv auszudrücken, wofür du brennst! |

# KÖNIG DER STÄBE

**SCHATTEN**

**HERAUSFORDERUNGEN**

+ »Ich verausgabe mich bis zur völligen Erschöpfung.«
– »Ich bin antriebslos!«

---

| | |
|---|---|
| **BASICS** | Kontrollsucht, sinnloser Aktionismus, Hitzkopf |
| **GEFÜHLE** | streng, arrogant, überheblich, selbstherrlich, aufbrausend |
| **VERBESSERUNGS-VORSCHLAG** | Weniger ist mehr! |

# KÖNIGIN DER STÄBE

LICHT

| | |
|---|---|
| **AFFIRMATION** | »Ich brenne für das, was ich tue.« |
| **CHARAKTER** | eine verführerische Person |
| **ELEMENT** | Wasser des Feuers |
| **ASTROLOGIE** | 20° Fisch – 20° Widder: 11. März – 10. April |

---

| | |
|---|---|
| **BASICS** | Präsenz, Überzeugungsstärke, Anziehungskraft, Selbstbewusstsein, Willenskraft |
| **GEFÜHLE** | vital, mutig, begehrt, temperamentvoll, unternehmungslustig, begeisterungsfähig |
| **HANDLUNGSEMPFEHLUNG** | Nutze deine feurige Überzeugungskraft! |

# KÖNIGIN DER STÄBE

SCHATTEN

**HERAUSFORDERUNGEN**

+ »Ich bin die oder der Beste; die anderen erfüllen meinen Anspruch nicht!«
– »Ich muss alles allein umsetzen, weil ich niemandem vertrauen kann!«

---

| | |
|---|---|
| **BASICS** | Manipulation, Drama, Rücksichtslosigkeit, Arroganz, Bitch |
| **GEFÜHLE** | bestimmend, hinterlistig, eifersüchtig, herrisch, leicht reizbar |
| **VERBESSERUNGS-VORSCHLAG** | Sorge für ausreichende Entspannung in deinem Leben! |

# RITTER DER STÄBE

LICHT

| | |
|---|---|
| **AFFIRMATION** | »Ich liebe das Abenteuer!« |
| **CHARAKTER** | ein abenteuerlustiger Mensch |
| **ELEMENT** | Feuer des Feuers |
| **ASTROLOGIE** | 20° Skorpion – 20° Schütze: 13. November – 12. Dezember |

---

| | |
|---|---|
| **BASICS** | Abenteuer, Aufbruch, Dynamik, Libido |
| **GEFÜHLE** | sendungsbewusst, risikofreudig, engagiert, impulsiv, eroberungswillig, potent, selbstüberzeugt |
| **HANDLUNGSEMPFEHLUNG** | Achte auf deinen Energiehaushalt! |

# RITTER DER STÄBE

SCHATTEN

**HERAUSFORDERUNGEN**

+ »Ich bin rücksichtslos und ignorant!«
– »Ich bin total erschöpft und ausgelaugt!«

---

| | |
|---|---|
| **BASICS** | Entfremdung, Leichtsinn, Missbrauch, Unreife |
| **GEFÜHLE** | triebgesteuert, unachtsam, rücksichtslos, egozentrisch, unkonzentriert, obsessiv, hormongesteuert |
| **VERBESSERUNGS-VORSCHLAG** | Bleibe an der Sache dran, es lohnt sich! |

# PAGE/BUBE DER STÄBE

**LICHT**

| | |
|---|---|
| **AFFIRMATION** | »Ich entdecke, was ich will.« |
| **CHARAKTER** | Influencer aller Geschlechter und sexueller Orientierung |
| **ELEMENT** | Erde des Feuers |
| **ASTROLOGIE** | Sommer: Krebs – Löwe – Jungfrau |

| | |
|---|---|
| **BASICS** | Abenteuerlust, erfrischender Impuls, Leidenschaft |
| **GEFÜHLE** | neugierig, offen, naiv, lebendig, inspiriert, impulsiv, freiheitsliebend |
| **HANDLUNGS-EMPFEHLUNG** | Entdecke, wofür dein Herz schlägt und was du wirklich willst! |

# PAGE/BUBE DER STÄBE

SCHATTEN

**HERAUSFORDERUNGEN**

\+ »Ich bin planlos.«

– »Ich habe auf nichts Lust.«

---

**BASICS** Leichtfertigkeit, Naivität, Launenhaftigkeit, Kopflosigkeit, Strohfeuer

**GEFÜHLE** ungeduldig, inkonsequent, unterfordert, überfordert

**VERBESSERUNGSVORSCHLAG** Bedenke auch den Ausgang einer Handlung, bevor du etwas tust. Lerne, Konsequenzen einzuschätzen!

# KÖNIG DER SCHWERTER

**LICHT**

| | |
|---|---|
| **AFFIRMATION** | »Ich kenne die Antwort.« |
| **CHARAKTER** | strategisch agierende Personen |
| **ELEMENT** | Luft der Luft |
| **ASTROLOGIE** | 20° Steinbock – 20° Wassermann: 10. Januar – 08. Februar |

---

| | |
|---|---|
| **BASICS** | Gedankliche Transformation, Strategie, Klarheit |
| **GEFÜHLE** | zielorientiert, unflexibel, überzeugend, fair, klar, kompromisslos |
| **HANDLUNGSEMPFEHLUNG** | Nutze deinen Verstand, um dein Ziel zu erreichen! |

# KÖNIG DER SCHWERTER

SCHATTEN ⇩

**HERAUSFORDERUNGEN**

+ »Ich denke zu viel und handle nicht.«
– »Ich bin undiszipliniert und inkonsequent!«

---

| | |
|---|---|
| **BASICS** | Täuschung, Propaganda, Arroganz, Planlosigkeit |
| **GEFÜHLE** | überlegen, übertrieben selbstgerecht, empathielos |
| **VERBESSERUNGSVORSCHLAG** | Mache dir bewusst, dass es mehr gibt als deinen Verstand! |

# KÖNIGIN DER SCHWERTER

**LICHT**

| | |
|---|---|
| **AFFIRMATION** | »Ich setze mich auseinander.« |
| **CHARAKTER** | gut informierte und kluge Persönlichkeit |
| **ELEMENT** | Wasser der Luft |
| **ASTROLOGIE** | 20° Jungfrau – 20° Waage: 12. September – 12. Oktober |

---

| | |
|---|---|
| **BASICS** | Diskussionsfreudigkeit, Auseinandersetzung, Direktheit |
| **GEFÜHLE** | gebildet, sachkundig, kompetent, aufgeschlossen |
| **HANDLUNGSEMPFEHLUNG** | »Ich lasse mich durch Argumente inspirieren!« |

# KÖNIGIN DER SCHWERTER

SCHATTEN ⇩

### HERAUSFORDERUNGEN

+ »Ich bin unnahbar und belehrend.«
– »Ohne Wissen bin ich nichts.«

---

| | |
|---|---|
| **BASICS** | Streitlust, Ablehnung, Zurückweisung, Intoleranz, Angespanntheit |
| **GEFÜHLE** | verbittert, abgehoben, passiv-aggressiv, unsicher, allwissend |
| **VERBESSERUNGSVORSCHLAG** | Entspanne dich durch körperliche Aktivität! |

# RITTER DER SCHWERTER

**LICHT**

**AFFIRMATION** »Ich behaupte mich!«

**CHARAKTER** scharfsinnige Person, oft von einer Idee besessen

**ELEMENT** Feuer der Luft

**ASTROLOGIE** 20° Stier – 20° Zwilling: 11. Mai – 10. Juni

---

**BASICS** Überzeugung, Rhetorik, Sprachgewandtheit, Angriffslust

**GEFÜHLE** überschwänglich, fokussiert, zielorientiert, laut, beharrlich

**HANDLUNGSEMPFEHLUNG** Berücksichtige auch andere!

# RITTER DER SCHWERTER

SCHATTEN ⇩

### HERAUSFORDERUNGEN

\+ »Ich dulde keine andere Meinung als meine.«

– »Ich verrenne mich in eine Idee.«

---

| | |
|---|---|
| **BASICS** | Rücksichtslosigkeit, Übergriffigkeit, soziale Inkompetenz, Fanatismus |
| **GEFÜHLE** | gerechtfertigt, unbelehrbar, verbissen, geistig unflexibel |
| **VERBESSERUNGSVORSCHLAG** | Geh' vom Gas: Entschleunige deine Aktionen! |

# PAGE / BUBE DER SCHWERTER

**LICHT**

| | |
|---|---|
| **AFFIRMATION** | »Ich brainstorme.« |
| **CHARAKTER** | wissbegierige Studierende |
| **ELEMENT** | Erde der Luft |
| **ASTROLOGIE** | Steinbock – Wassermann – Fische: Wurzel der Luft |

---

| | |
|---|---|
| **BASICS** | Ideenreichtum, Abwägung, Experiment, Ansammlung von Wissen |
| **GEFÜHLE** | kreativ, ergebnisoffen, fasziniert, »im Flow«, verspielt |
| **HANDLUNGS-EMPFEHLUNG** | Überdenke alle Möglichkeiten, bevor du dich entscheidest! |

# PAGE / BUBE DER SCHWERTER

SCHATTEN ⇩

**HERAUSFORDERUNGEN**

+ »Ich bin verwirrt.«
– »Ich bin kurzsichtig und oberflächlich.«

---

| | |
|---|---|
| **BASICS** | Zweifel, Unsicherheit, unüberlegte Schlussfolgerungen |
| **GEFÜHLE** | ungeduldig, nervös, überfordert |
| **VERBESSERUNGSVORSCHLAG** | Konzentriere dich auf das Wesentliche! |

# KÖNIG DER KELCHE

**LICHT**

| | |
|---|---|
| **AFFIRMATION** | »Ich empfinde ganzheitlich.« |
| **CHARAKTER** | der Beichtvater oder die Seelsorgerin |
| **ELEMENT** | Luft des Wassers |
| **ASTROLOGIE** | 20° Waage – 20° Skorpion: 13. Oktober – 12. November |

---

| | |
|---|---|
| **BASICS** | Verständnis, Sanftmut, Gefühlstiefe, Gelassenheit |
| **GEFÜHLE** | einfühlsam, tiefenentspannt, warmherzig, mitfühlend |
| **HANDLUNGSEMPFEHLUNG** | Höre in dich hinein, komme zur Ruhe und vertraue auf dein Feingespür! |

# KÖNIG DER KELCHE

SCHATTEN ⇩

**HERAUSFORDERUNGEN**

\+ »Alles ist gut, ich muss es nur annehmen.«

– »Ich misstraue meinen Gefühlen und drifte ab.«

---

| | |
|---|---|
| **BASICS** | emotionaler Missbrauch, Beeinflussung |
| **GEFÜHLE** | einnehmend, suggerierend, vortäuschend, vertuschend |
| **VERBESSERUNGSVORSCHLAG** | Sei ohne Hintergedanken präsent! |

# KÖNIGIN DER KELCHE

**LICHT**

| | |
|---|---|
| **AFFIRMATION** | »Meine Gefühle zeigen mir den besten Weg.« |
| **CHARAKTER** | ruhige Persönlichkeit mit seelischem Tiefgang |
| **ELEMENT** | Wasser des Wassers |
| **ASTROLOGIE** | 20° Jungfrau – 20° Waage: 11. Juni – 11. Juli |

| | |
|---|---|
| **BASICS** | Hingabe, Tiefgründigkeit, Bauchgefühl, Feingespür, Herzenswärme, Projektionsfläche, Vorahnung |
| **GEFÜHLE** | intuitiv, hochsensibel, meditativ, ruhig, angekommen |
| **HANDLUNGSEMPFEHLUNG** | Ich schaffe mir meine Realität durch meine Vorstellungskraft! |

# KÖNIGIN DER KELCHE

SCHATTEN ⇩

**HERAUSFORDERUNGEN**

+ »Ich blende alles Negative aus.«
– »Ich ignoriere meine Intuition.«

---

| | |
|---|---|
| **BASICS** | Stimmungsschwankungen, Verschleierung, Harmoniesucht |
| **GEFÜHLE** | launisch, unberechenbar, verträumt, destruktiv |
| **VERBESSERUNGS-VORSCHLAG** | Gib deinen Gefühlen mehr Raum! |

# RITTER DER KELCHE

⬆ LICHT

| | |
|---|---|
| **AFFIRMATION** | »Ich suche den perfekten Moment.« |
| **CHARAKTER** | eine romantisch veranlagte Person |
| **ELEMENT** | Feuer des Wassers |
| **ASTROLOGIE** | 20° Wassermann – 20° Fische: 09. Februar – 10. März |

| | |
|---|---|
| **BASICS** | Romantik, Verführung, Träumerei, Illusion, Minnesänger |
| **GEFÜHLE** | schwärmerisch, idealistisch, vergebend, emotional großzügig, wohlwollend |
| **HANDLUNGS-EMPFEHLUNG** | Lebe mehr im Hier und Jetzt! |

# RITTER DER KELCHE

SCHATTEN ⇩

**HERAUSFORDERUNGEN**

+ »Ich verliere mich im Nichts.«
– »Ich bin abgestumpft.«

---

| | |
|---|---|
| **BASICS** | Traumwelt, Überheblichkeit, Fantasielosigkeit, Trägheit |
| **GEFÜHLE** | sinnlos, unzuverlässig, unrealistisch, unnahbar |
| **VERBESSERUNGSVORSCHLAG** | Komme in deine Schöpferkraft! |

# PAGE/BUBE DER KELCHE

**LICHT**

| | |
|---|---|
| **AFFIRMATION** | »Ich entdecke meine Gefühle.« |
| **CHARAKTER** | eine träumerische, verliebte Person |
| **ELEMENT** | Erde des Wassers |
| **ASTROLOGIE** | Herbst: Waage – Skorpion – Schütze: Wurzel des Wassers |

---

| | |
|---|---|
| **BASICS** | Verspieltheit, Selbstverliebtheit, Empfindsamkeit, Verliebtheit |
| **GEFÜHLE** | weich, verständnisvoll, hingebungsvoll, stimmungsvoll, spürend |
| **HANDLUNGS-EMPFEHLUNG** | Mach deine Träume wahr! |

# PAGE/BUBE DER KELCHE

**SCHATTEN** ⇩

### HERAUSFORDERUNGEN

+ »Ich habe meine Gefühle nicht im Griff.«
– »Ich kann meine Gefühle nicht wahrnehmen.«

---

| | |
|---|---|
| **BASICS** | Formbarkeit, Launenhaftigkeit, Gleichgültigkeit, Sprunghaftigkeit |
| **GEFÜHLE** | teilnahmslos, apathisch, taub, launisch, eingeschnappt |
| **VERBESSERUNGSVORSCHLAG** | Geh nicht auf jede Laune ein! |

# KÖNIG DER MÜNZEN

⬆ LICHT

| | |
|---|---|
| **AFFIRMATION** | »Ich profitiere von meinem Wohlstand.« |
| **CHARAKTER** | nach materieller Sicherheit strebende, bodenständige Menschen |
| **ELEMENT** | Luft der Erde |
| **ASTROLOGIE** | 20° Widder – 20° Stier: 11. April – 10. Mai |

---

| | |
|---|---|
| **BASICS** | Wohlstand, Sicherheit, Stabilität, Reichtum, Autorität |
| **GEFÜHLE** | ausgeglichen, lebensbejahend, selbstfürsorglich, wirtschaftlich, geschäftstüchtig |
| **HANDLUNGSEMPFEHLUNG** | Erfreue dich an dem, was du dir erarbeitet hast! |

# KÖNIG DER MÜNZEN

SCHATTEN ⇩

**HERAUSFORDERUNGEN**

+ »Ich bin besitzergreifend und gierig.«
– »Ich fordere nicht genug für mich ein.«

---

| | |
|---|---|
| **BASICS** | Mangelgefühl, Bequemlichkeit, Überängstlichkeit, Hypochondrie |
| **GEFÜHLE** | protzig, arrogant, oberflächlich, unzuverlässig |
| **VERBESSERUNGSVORSCHLAG** | Frage dich, was dich außer greifbaren Werten im Leben inspiriert! |

# KÖNIGIN DER MÜNZEN

**LICHT**

| | |
|---|---|
| **AFFIRMATION** | »Ich nähre und beschütze.« |
| **CHARAKTER** | eine fürsorgliche und nährende Persönlichkeit |
| **ELEMENT** | Wasser der Erde |
| **ASTROLOGIE** | 20° Schütze – 20° Steinbock: 13. Dezember – 09. Januar |

---

| | |
|---|---|
| **BASICS** | Fruchtbarkeit, Wachstum, Naturverbundenheit, Wohlbefinden, Luxus, Organisationstalent |
| **GEFÜHLE** | empfindsam, gutmütig, gelassen, umsorgend |
| **HANDLUNGSEMPFEHLUNG** | Achte auf dein körperliches Wohlergehen und genieße, was aus deiner Arbeit entsteht! |

# KÖNIGIN DER MÜNZEN

## SCHATTEN

### HERAUSFORDERUNGEN

+ »Ich bin perfektionistisch und übergriffig.«
– »Ich opfere mich für andere und vergesse mich selbst.«

---

**BASICS** Selbstaufgabe, Vernachlässigung, Opferhaltung, Lethargie

**GEFÜHLE** unterwürfig oder dominant, lustlos, demotiviert, gleichgültig

**VERBESSERUNGSVORSCHLAG** Sorge dafür, dass es dir gut geht, bevor du dich um andere kümmerst!

# RITTER DER MÜNZEN

LICHT

| | |
|---|---|
| **AFFIRMATION** | »Ich investiere strategisch.« |
| **CHARAKTER** | eine souveräne, verantwortungsvolle Person |
| **ELEMENT** | Feuer der Erde |
| **ASTROLOGIE** | 20° Löwe – 20° Jungfrau: 12. August – 11. September |

---

| | |
|---|---|
| **BASICS** | Souveränität, Grundlagen, Planung, Aufbau, Konstruktion |
| **GEFÜHLE** | vorausdenkend, ambitioniert, planend, geduldig, sicher, zielorientiert |
| **HANDLUNGSEMPFEHLUNG** | Arbeite kontinuierlich an deinem Vorhaben. |

# RITTER DER MÜNZEN

SCHATTEN ⇩

**HERAUSFORDERUNGEN**

\+ »Ich schaffe alles sofort.«

– »Ich komme nicht voran.«

---

| | |
|---|---|
| **BASICS** | Überschätzung, Verzettelung, Trägheit, Verschleppung |
| **GEFÜHLE** | überheblich, unkonzentriert, unachtsam, blockiert |
| **VERBESSERUNGSVORSCHLAG** | »Kontrolliere deine Vorhaben sorgfältiger und plane realistisch.« |

# PAGE / BUBE DER MÜNZEN

**LICHT**

| | |
|---|---|
| **AFFIRMATION** | »Ich erkunde meine Fähigkeiten.« |
| **CHARAKTER** | Menschen auf der Suche nach dem eigenen Potenzial |
| **ELEMENT** | Erde der Erde |
| **ASTROLOGIE** | Frühling: Widder – Stier – Zwilling: Wurzel der Erde |

| | |
|---|---|
| **BASICS** | Selbstinvestition, Potenzialentfaltung, Eigenständigkeit, Selbstverantwortung |
| **GEFÜHLE** | unabhängig, handwerklich, zielorientiert, konzentriert |
| **HANDLUNGSEMPFEHLUNG** | Mach dein Ding! |

# PAGE/BUBE DER MÜNZEN

SCHATTEN

**HERAUSFORDERUNGEN**

+ »Ich nehme mir zu viel vor.«
– »Mir fehlt die Praxis.«

---

| | |
|---|---|
| **BASICS** | Verschätzen, Überschätzung, Abwertung, Herabsetzung |
| **GEFÜHLE** | unbeständig, unbedacht, unsicher |
| **VERBESSERUNGSVORSCHLAG** | Erkenne deine Talente und finde deine Nische! |

# Die 40 Zahlenkarten

## Die Landkarte, auf der du dich während deiner spirituellen Reise bewegst

ASS DER KELCHE
II
III
IV
V
VI
VII
VIII
IX
X
ASS DER MÜNZEN
II
III
IV
VI
VII
VIII
IX
X

# ASS DER STÄBE

LICHT

SCHATTEN

| | |
|---|---|
| **NUMEROLOGIE** | Verbindung zu den Trümpfen: I – 10 – 19 |
| **ASTROLOGIE** | Wurzel des Feuers |

| | |
|---|---|
| **BASICS** | Willenskraft, Leidenschaft, Power, Überzeugungskraft |
| **GEFÜHLE** | begeistert, mitreißend, motiviert, energetisiert, spontan |
| **HANDLUNGS-EMPFEHLUNG** | Just do it! |

| | |
|---|---|
| **BASICS** | Einschränkung, Unterdrückung, Selbstsabotage |
| **GEFÜHLE** | demotiviert, passiv-aggressiv, antriebslos |
| **HANDLUNGS-EMPFEHLUNG** | Vertraue deiner Kraft! |

# ZWEI DER STÄBE

⬆ LICHT

SCHATTEN ⬇

**NUMEROLOGIE** Verbindung zu den Trümpfen: 2 – 11 – 20

**ASTROLOGIE** Mars in Widder

---

**BASICS** Aufbruchsstimmung, Planung, Visionskraft, Kreativität

**GEFÜHLE** sehnsüchtig, hoffnungsvoll, reiselustig

**HANDLUNGSEMPFEHLUNG** Setze dir Meilensteine.

**BASICS** Zweifel, Zukunftsangst, Altlasten, Mutlosigkeit

**GEFÜHLE** unsicher, nicht fokussiert, nicht überzeugt

**HANDLUNGSEMPFEHLUNG** Mache einen ersten Schritt!

# DREI DER STÄBE

⬆ LICHT

SCHATTEN ⬇

| | |
|---|---|
| **NUMEROLOGIE** | Verbindung zu den Trümpfen: 3 – 12 – 21 |
| **ASTROLOGIE** | Sonne in Widder |

| | |
|---|---|
| **BASICS** | Aufbruchsstimmung, Erleichterung, Erwartung, Vision |
| **GEFÜHLE** | entschieden, bereit, entschlossen, mutig, kompromisslos |
| **HANDLUNGSEMPFEHLUNG** | Brich auf! |

| | |
|---|---|
| **BASICS** | Tunnelblick, Rücksichtslosigkeit, Versteifung |
| **GEFÜHLE** | unflexibel, orientierungslos, zwanghaft |
| **HANDLUNGSEMPFEHLUNG** | Schaue über deinen eigenen Tellerrand! |

# VIER DER STÄBE

⬆ LICHT

SCHATTEN ⬇

**NUMEROLOGIE** Verbindung zu den Trümpfen: 4 – 13

**ASTROLOGIE** Venus in Widder

---

**BASICS** Erleichterung, Etappensieg, Resonanz, Netzwerken

**GEFÜHLE** kontaktfreudig, wahrgenommen, anerkannt, wertgeschätzt

**HANDLUNGS-EMPFEHLUNG** Ruhe dich nicht auf deinen Lorbeeren aus!

**BASICS** Nachlässigkeit, schlechtes Timing, kein Durchhalte-vermögen

**GEFÜHLE** lustlos, kraftlos, abgelenkt, neben der Spur

**HANDLUNGS-EMPFEHLUNG** Mache dir bewusst: Es geht weiter!

# FÜNF DER STÄBE

LICHT

SCHATTEN

**NUMEROLOGIE** Verbindung zu den Trümpfen: 5 – 14

**ASTROLOGIE** Saturn in Löwe

---

**BASICS** Kräftemessen, Wettstreit, Aufmerksamkeit erlangen, Auseinandersetzung mit dem inneren Team, Testosteron

**GEFÜHLE** aufgeregt, aufgekratzt, angespornt

**HANDLUNGSEMPFEHLUNG** Setze dich mit (…) auseinander.

**BASICS** Streitlust, Verzettelung, Überschätzung

**GEFÜHLE** aufgewühlt, rastlos, angespannt, sich verlieren, genervt

**HANDLUNGSEMPFEHLUNG** Verrenne dich nicht in sinnlosen Auseinandersetzungen!

# SECHS DER STÄBE

⬆ LICHT

SCHATTEN ⬇

| | |
|---|---|
| **NUMEROLOGIE** | Verbindung zu den Trümpfen: 6 – 15 |
| **ASTROLOGIE** | Jupiter in Löwe |

| | |
|---|---|
| **BASICS** | Siegesgewissheit, Führungskompetenz, Vorbild |
| **GEFÜHLE** | siegessicher, bestätigt, unterstützt, bekräftigt |
| **HANDLUNGSEMPFEHLUNG** | Fokussiere dich auf den Sieg! |

| | |
|---|---|
| **BASICS** | Vorschusslorbeeren, Versagensangst, Minderwertigkeitsgefühle, Abwertung, Erwartungsdruck |
| **GEFÜHLE** | unruhig, abgelehnt, getrieben, unvollkommen, unzureichend |
| **HANDLUNGSEMPFEHLUNG** | Erlaube dir, dein Potenzial zu leben! |

# SIEBEN DER STÄBE

⬆ LICHT

SCHATTEN ⬇

**NUMEROLOGIE** Verbindung zu den Trümpfen: 7 – 16

**ASTROLOGIE** Mars im Löwen

---

**BASICS** Anstrengung, Herausforderung, Selbstbehauptung, Konkurrenzdenken

**GEFÜHLE** angestrengt, kompromisslos, gefordert, fokussiert

**HANDLUNGSEMPFEHLUNG** Lasse nicht locker!

**BASICS** Verfolgungswahn, Minderwertigkeitskomplex, sich mit Anderen messen

**GEFÜHLE** ängstlich, überfordert, bedroht

**HANDLUNGSEMPFEHLUNG** Bleibe standhaft!

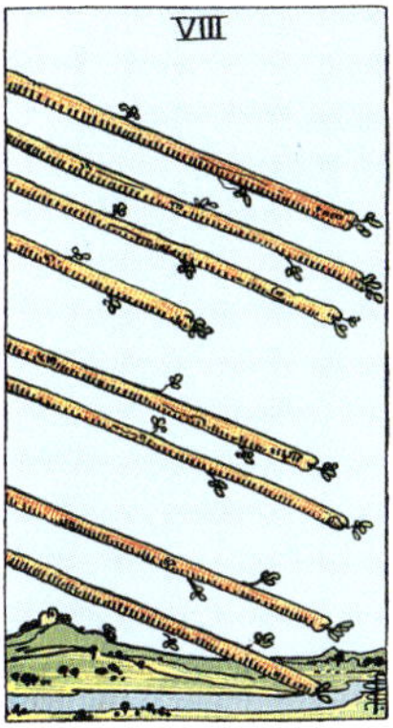


# ACHT DER STÄBE

⬆ LICHT

SCHATTEN ⬇

**NUMEROLOGIE** Verbindung zu den Trümpfen: 8 – 17

**ASTROLOGIE** Merkur in Schütze

---

**BASICS** Schnelligkeit, Ereignisse überschlagen sich, Action, aufsteigende Regung

**GEFÜHLE** beharrlich, begeistert, mitreißend, »auf heißen Kohlen«

**HANDLUNGSEMPFEHLUNG** Lass dich von der Energie leiten!

**BASICS** Ruhelosigkeit, Verschleppung, überraschende Kommunikation (nicht immer willkommen)

**GEFÜHLE** überwältigt, zappelig, hektisch, paralysiert

**HANDLUNGSEMPFEHLUNG** Stelle dich den Tatsachen!

# NEUN DER STÄBE

LICHT

SCHATTEN

| | |
|---|---|
| **NUMEROLOGIE** | Verbindung zu den Trümpfen: 9 – 18 |
| **ASTROLOGIE** | Mond in Schütze |

**Licht**

| | |
|---|---|
| **BASICS** | Kampfwille, Umsetzungsstärke, ressourcenreich, Erfahrungsstärke |
| **GEFÜHLE** | stark, abgeklärt, umsichtig, vorbereitet |
| **HANDLUNGSEMPFEHLUNG** | Gehe voran! |

**Schatten**

| | |
|---|---|
| **BASICS** | Selbstblockade, unbegründete Abwehrhaltung, Zweifel |
| **GEFÜHLE** | misstrauisch, bedroht, resigniert, überheblich, erschöpft |
| **HANDLUNGSEMPFEHLUNG** | Glaube an dich! |

# ZEHN DER STÄBE

LICHT

SCHATTEN

**NUMEROLOGIE** Verbindung zu den Trümpfen: 10 – 1/0

**ASTROLOGIE** Saturn im Schützen

---

**BASICS** Zielstrebigkeit, Endspurt, Mobilisation von Kräften

**GEFÜHLE** verantwortungsbewusst, kontrolliert, siegessicher

**HANDLUNGSEMPFEHLUNG** Halte durch, das Ziel ist nah!

**BASICS** energetische Überforderung, Tunnelblick, Managersyndrom

**GEFÜHLE** ausgebrannt, unnahbar, hypersensibel, verausgabt

**HANDLUNGSEMPFEHLUNG** Setze Prioritäten!

# ASS DER SCHWERTER

⬆ LICHT

SCHATTEN ⬇

| | |
|---|---|
| **NUMEROLOGIE** | Verbindung zu den Trümpfen: 1 – 10 – 19 |
| **ASTROLOGIE** | Wurzel der Luft |

| | |
|---|---|
| **BASICS** | Geistesblitz, Brainstorming, Direktheit, Wissen, Erkenntnis, Analyse |
| **GEFÜHLE** | überzeugt, klar, analytisch, strukturiert |
| **HANDLUNGSEMPFEHLUNG** | Deine Idee ist gut, setze sie um! |

| | |
|---|---|
| **BASICS** | Überaktionismus, Rivalität, destruktives Denken |
| **GEFÜHLE** | unverstanden, eingeengt, überheblich, anmaßend |
| **HANDLUNGSEMPFEHLUNG** | Überprüfe dein Konzept! |

# ZWEI DER SCHWERTER

⬆ LICHT

SCHATTEN ⬇

**NUMEROLOGIE** Verbindung zu den Trümpfen: 2 – 11 – 20

**ASTROLOGIE** Mond in der Waage

---

**BASICS** Gedanken ruhen lassen, Inaktivität, Reflexion, Neutralität, Rückzug

**GEFÜHLE** sicher, entspannt, meditativ

**HANDLUNGSEMPFEHLUNG** Lass dich nicht zu Entscheidungen drängen!

**BASICS** Unentschlossenheit, Verdrängung, Passivität, Nervosität

**GEFÜHLE** zweifelnd, hin- und hergerissen, blockiert, eingeengt

**HANDLUNGSEMPFEHLUNG** Vertraue auf deine Ansichten!

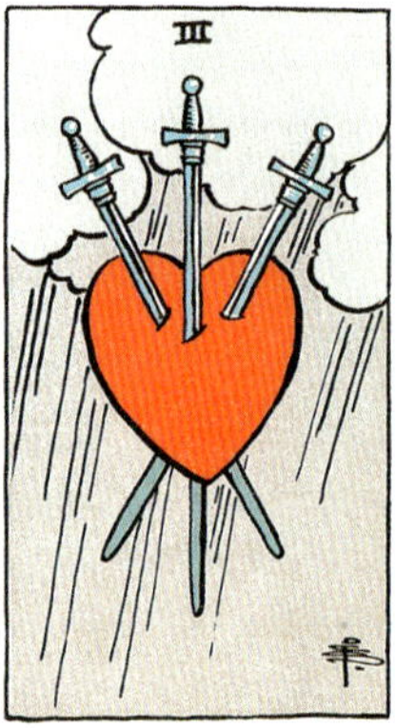

# DREI DER SCHWERTER

⬆ LICHT

SCHATTEN ⬇

| | |
|---|---|
| **NUMEROLOGIE** | Verbindung zu den Trümpfen: 3 – 12 – 21 |
| **ASTROLOGIE** | Saturn in der Waage |

| | |
|---|---|
| **BASICS** | Kompromissfähigkeit, Erkenntnis durch psychische und emotionale Krisen, Wahrhaftigkeit |
| **GEFÜHLE** | gedanklich befreit, erleichtert, durchdringend |
| **HANDLUNGS-EMPFEHLUNG** | Durchlebe den mentalen Schmerz! |

| | |
|---|---|
| **BASICS** | Einsamkeit, Kummer, Verlassenheit, selbstzerstörerische Gedanken |
| **GEFÜHLE** | traurig, niedergeschlagen, beklemmt, niedergedrückt |
| **HANDLUNGS-EMPFEHLUNG** | Kontrolliere deine Gedanken! |

# VIER DER SCHWERTER

**LICHT**

**SCHATTEN**

| | |
|---|---|
| **NUMEROLOGIE** | Verbindung zu den Trümpfen: 4 – 13 |
| **ASTROLOGIE** | Jupiter in der Waage |

| | |
|---|---|
| **BASICS** | gedanklicher Stillstand, Gedankenlosigkeit, Ruhe |
| **GEFÜHLE** | friedfertig, sich sammelnd, open-minded |
| **HANDLUNGSEMPFEHLUNG** | Bringe deine Gedanken zur Ruhe. |

| | |
|---|---|
| **BASICS** | Sinnlosigkeit, Lethargie, Antriebslosigkeit |
| **GEFÜHLE** | destruktiv, leer, verkopft |
| **HANDLUNGSEMPFEHLUNG** | Verlasse dein mentales Schneckenhaus! |

# FÜNF DER SCHWERTER

⬆ LICHT

SCHATTEN ⬇

| | |
|---|---|
| **NUMEROLOGIE** | Verbindung zu den Trümpfen: 5 – 14 |
| **ASTROLOGIE** | Venus im Wassermann |
| **BASICS** | Durchsetzung, Aussprache, Selbstbehauptung, Argumentationskraft, Genugtuung |
| **GEFÜHLE** | überlegen, siegessicher, überzeugend, clever |
| **HANDLUNGS-EMPFEHLUNG** | Setze dich argumentativ durch! |

| | |
|---|---|
| **BASICS** | Argumentationsschwäche, Gedankenlosigkeit, Gesichtslosigkeit |
| **GEFÜHLE** | verschlossen, eingeschüchtert, gedemütigt |
| **HANDLUNGS-EMPFEHLUNG** | Finde die besten Argumente, um dich durchzusetzen! |

# SECHS DER SCHWERTER

LICHT

SCHATTEN

| | |
|---|---|
| **NUMEROLOGIE** | Verbindung zu den Trümpfen: 6 – 15 |
| **ASTROLOGIE** | Merkur im Wassermann |

---

| | |
|---|---|
| **BASICS** | Fortschritt, Gedanklicher Aufbruch, Verarbeitung |
| **GEFÜHLE** | lebensbejahend, behütet, geführt, wahrgenommen |
| **HANDLUNGS-EMPFEHLUNG** | Lass deine Gedanken treiben. |

| | |
|---|---|
| **BASICS** | Schwerfälligkeit, sorgenvoller Aufbruch, Behinderung von Gedanken |
| **GEFÜHLE** | unsicher, unklar, ängstlich, hinterfragend, orientierungslos |
| **HANDLUNGS-EMPFEHLUNG** | Lass dir beim Sortieren deiner Gedanken helfen! |

# SIEBEN DER SCHWERTER

⬆ LICHT

SCHATTEN ⬇

**NUMEROLOGIE** Verbindung zu den Trümpfen: 7 – 16

**ASTROLOGIE** Mond im Wassermann

---

**BASICS** Strategie, Intelligenz, Pokerface, Guerilla-Taktik

**GEFÜHLE** vorausschauend, anpassungsfähig, umsichtig, aufmerksam, klug

**HANDLUNGSEMPFEHLUNG** Halte dich bedeckt!

**BASICS** Täuschung, Unehrlichkeit, Gerüchte, Geheimnistuerei

**GEFÜHLE** hinterlistig, scheinheilig, manipulativ, undurchschaubar

**HANDLUNGSEMPFEHLUNG** Stehe zu deinen Gedanken!

# ACHT DER SCHWERTER

LICHT

SCHATTEN

**NUMEROLOGIE** Verbindung zu den Trümpfen: 8 – 17

**ASTROLOGIE** Jupiter in den Zwillingen

---

**BASICS** Bewusstwerdung eines Problems, Beharrlichkeit und Fokussierung von Gedanken

**GEFÜHLE** mutig, mental stark, analytisch

**HANDLUNGSEMPFEHLUNG** Ordne deine Gedanken!

**BASICS** festgefahrene Gedanken, Kopfkino, Haltlosigkeit, Opferhaltung, Shitstorm, gedankliche Zensur

**GEFÜHLE** verkrampft, handlungsunfähig, realitätsfremd

**HANDLUNGSEMPFEHLUNG** Kläre deine Situation mit Hilfe einer unabhängigen Instanz!

# NEUN DER SCHWERTER

⬆ LICHT

SCHATTEN ⬇

**NUMEROLOGIE** Verbindung zu den Trümpfen: 9 – 18

**ASTROLOGIE** Mars in den Zwillingen

---

**BASICS** Erkenntnis einer destruktiven Prägung, Gedankenmuster werden erkannt, geistige Entgiftung

**GEFÜHLE** erleichtert, wach, klarsichtig, bewusst

**HANDLUNGS-EMPFEHLUNG** Mache dir deine Gedankenmuster klar!

**BASICS** Krise, Retraumatisierung, Kopfzerbrechen

**GEFÜHLE** ohnmächtig, perspektivlos, hilflos, verzweifelt

**HANDLUNGS-EMPFEHLUNG** Lasse dich nicht von deinen destruktiven Gedanken mitreißen!

# ZEHN DER SCHWERTER

⬆ LICHT

SCHATTEN ⬇

**NUMEROLOGIE** Verbindung zu den Trümpfen: 10 – 1 / 0

**ASTROLOGIE** Sonne in den Zwillingen

---

**BASICS** Hingabe an die Beendigung von destruktiven Gedanken, Licht am Horizont, Tabula rasa

**GEFÜHLE** erlöst, ausgepowert, leer

**HANDLUNGSEMPFEHLUNG** Hör mit dem Grübeln auf!

**BASICS** Reizüberflutung, Selbstaufgabe, Blockade, Fokussierung auf das Negative

**GEFÜHLE** übermüdet, überdreht, fixiert, traumatisiert

**HANDLUNGSEMPFEHLUNG** Enwickle dein Worst-Case Szenario mit dem Ziel zur Selbstermächtigung!

# ASS DER KELCHE

LICHT

SCHATTEN

**NUMEROLOGIE** Verbindung zu den Trümpfen: I – 10 – 19

**ASTROLOGIE** Wurzel des Wassers

---

**BASICS** Inspiration, Befruchtung, Hingabe, Herzöffnung

**GEFÜHLE** emotional überwältigt, verliebt, berührt, beseelt, neue Gefühle

**HANDLUNGSEMPFEHLUNG** Deine Gefühle sind allumfassend, lasse sie zu!

**BASICS** Illusion, Kontrollverlust, Wahn, Traumwelt, sich in etwas hineinsteigern

**GEFÜHLE** überfordert, vernebelt, scheinheilig

**HANDLUNGSEMPFEHLUNG** Überprüfe die Realität!

# ZWEI DER KELCHE

⬆ LICHT

SCHATTEN ⬇

**NUMEROLOGIE** Verbindung zu den Trümpfen: 2 – 11 – 20

**ASTROLOGIE** Venus im Krebs

---

**BASICS** Selbstliebe, Wertschätzung, Gleichwertigkeit, Begegnung auf Augenhöhe (mit sich selbst und anderen), Authentizität

**GEFÜHLE** geliebt, seelisch verbunden, hoffnungsvoll

**HANDLUNGSEMPFEHLUNG** Nimm deine Gefühle an!

**BASICS** Narzissmus, Projektion, Symbiose, Selbstbetrug

**GEFÜHLE** emotional abhängig, bedürftig, klammernd

**HANDLUNGSEMPFEHLUNG** Nimm dich selbst an und finde zurück zur Realität!

# DREI DER KELCHE

LICHT

SCHATTEN

**NUMEROLOGIE** Verbindung zu den Trümpfen: 3 – 12 – 21

**ASTROLOGIE** Merkur im Krebs

---

**BASICS** Feier, Gemeinschaft, Lebensfreude, Wunscherfüllung, die Welle reiten

**GEFÜHLE** ausgelassen, euphorisch, glückselig, beschwingt

**HANDLUNGSEMPFEHLUNG** Feiere das Geschenk des Lebens!

**BASICS** Toxic Positivity, Kurzsichtigkeit, Übermaß im Konsum, Mitläufertum

**GEFÜHLE** genötigt, enthemmt, maßlos, zügellos

**HANDLUNGSEMPFEHLUNG** Verliere bei aller Freude nicht deinen Fokus!

# VIER DER KELCHE

⬆ LICHT

SCHATTEN ⬇

**NUMEROLOGIE** Verbindung zu den Trümpfen: 4 – 13

**ASTROLOGIE** Mond im Krebs

---

**BASICS** Selbstbesinnung, Selbstschutz, emotionale Abgrenzung/Bestandsaufnahme

**GEFÜHLE** emotional stabil, geerdet, meditativ, nachdenklich

**HANDLUNGSEMPFEHLUNG** Überprüfe deine Bedürfnisse unabhängig von anderen!

**BASICS** Antriebslosigkeit, Widerwilligkeit, Verdrängung, Unterdrückung von Gefühlen

**GEFÜHLE** ängstlich, unsicher, unmotiviert, frustriert, verstimmt

**HANDLUNGSEMPFEHLUNG** Übernimm Verantwortung und freue dich auf morgen!

# FÜNF DER KELCHE

**LICHT**

**SCHATTEN**

| | |
|---|---|
| **NUMEROLOGIE** | Verbindung zu den Trümpfen: 5 – 14 |
| **ASTROLOGIE** | Mars im Skorpion |

| | |
|---|---|
| **BASICS** | Enttäuschung, Loslassen, Entdeckung eigener noch verborgener Erwartungen und Gefühle, Selbsterkenntnis, Wahrhaftigkeit |
| **GEFÜHLE** | Ankommen, emotional selbst ermächtigt, ohne Anspruchsdenken |
| **HANDLUNGSEMPFEHLUNG** | Erlaube dir jedes Gefühl! |

| | |
|---|---|
| **BASICS** | Tunnelblick, Traurigkeit, Opferhaltung |
| **GEFÜHLE** | niedergeschlagen, einsam, verloren |
| **HANDLUNGSEMPFEHLUNG** | Mache dir bewusst, dass auch diese Zeit vorübergeht! |

# SECHS DER KELCHE

⬆ LICHT

SCHATTEN ⬇

**NUMEROLOGIE** Verbindung zu den Trümpfen: 6 – 15

**ASTROLOGIE** Sonne im Skorpion

---

**BASICS** Nostalgie, emotionale Erinnerungen, Kindheit, Traditionen, unverbindlicher Genuss

**GEFÜHLE** dankbar, verträumt, verspielt, schwärmerisch

**HANDLUNGSEMPFEHLUNG** Überprüfe deine Träume realistisch!

**BASICS** Melancholie, emotionaler Rückschritt, gefangen in der Vergangenheit

**GEFÜHLE** naiv, kindlich, sentimental, stagniert

**HANDLUNGSEMPFEHLUNG** Wachse mit deinen Gefühlen!

# SIEBEN DER KELCHE

⬆ LICHT

SCHATTEN ⬇

| | |
|---|---|
| **NUMEROLOGIE** | Verbindung zu den Trümpfen: 7 – 16 |
| **ASTROLOGIE** | Venus im Skorpion |

**Licht**

| | |
|---|---|
| **BASICS** | unbegrenzte Möglichkeiten, Fantasiereichtum, emotionale Auswahl |
| **GEFÜHLE** | angespornt, reich, bereichert, grenzenlos |
| **HANDLUNGSEMPFEHLUNG** | Setze emotionale Prioritäten! |

**Schatten**

| | |
|---|---|
| **BASICS** | emotionale Überforderung, Ohnmacht, Reizüberflutung, Entscheidungsunfähigkeit, Luftschlösser |
| **GEFÜHLE** | unfähig, ängstlich, gehemmt, diffus |
| **HANDLUNGSEMPFEHLUNG** | Setze dir realistische Ziele! |

# ACHT DER KELCHE

⬆ LICHT

SCHATTEN ⬇

**NUMEROLOGIE** Verbindung zu den Trümpfen: 8 – 17

**ASTROLOGIE** Saturn in den Fischen

---

**BASICS** Abwendung, Rückzug, Selbstbesinnung, emotionale Selbsterkenntnis, Weiterentwicklung, zögerlicher Aufbruch

**GEFÜHLE** mutig, kompromisslos, fähig, in sich ruhend

**HANDLUNGSEMPFEHLUNG** Du hast jetzt die Kraft, versiegte Emotionen hinter dir zu lassen.

**BASICS** Unsicherheit, Melancholie, Unentschlossenheit, Feststecken

**GEFÜHLE** unklar, gehemmt, verfangen, verlassen, leer

**HANDLUNGSEMPFEHLUNG** Laufe nicht vor deinen Gefühlen davon!

# NEUN DER KELCHE

**LICHT**

**SCHATTEN**

**NUMEROLOGIE** Verbindung zu den Trümpfen: 9 – 18

**ASTROLOGIE** Jupiter in den Fischen

---

**BASICS** Zufriedenheit, mit sich selbst im Reinen sein, Optimismus, emotionale Stabilität, Selbstfürsorge

**GEFÜHLE** erfüllt, beschenkt, bei sich angekommen, selbstsicher

**HANDLUNGSEMPFEHLUNG** Erlaube dir, glücklich zu sein!

**BASICS** Egoismus, emotionaler Geiz, Oberflächlichkeit, Zurückhaltung

**GEFÜHLE** abgestumpft, ignorant, sorglos

**HANDLUNGSEMPFEHLUNG** Lasse andere an deinem Glück teilhaben.

# ZEHN DER KELCHE

⬆ LICHT

SCHATTEN ⬇

| | |
|---|---|
| **NUMEROLOGIE** | Verbindung zu den Trümpfen: 10 – 1 / 0 |
| **ASTROLOGIE** | Mars in den Fischen |

| | |
|---|---|
| **BASICS** | Community, Wahlverwandte, Wunscherfüllung, Fülle, Happy End |
| **GEFÜHLE** | angekommen, integriert, glücklich, verbunden, gesegnet |
| **HANDLUNGSEMPFEHLUNG** | Lebe diesen Augenblick! |

| | |
|---|---|
| **BASICS** | aufgesetzte Fröhlichkeit, Scheinwelt, Problemverdrängung |
| **GEFÜHLE** | bemüht, harmoniebedürftig, konfliktscheu |
| **HANDLUNGSEMPFEHLUNG** | Nimm die rosarote Brille ab! |

# ASS DER MÜNZEN

LICHT

SCHATTEN

| | |
|---|---|
| **NUMEROLOGIE** | Verbindung zu den Trümpfen: 1 – 10 – 19 |
| **ASTROLOGIE** | Wurzel der Erde |

**Licht**

| | |
|---|---|
| **BASICS** | Investition, Konkretisierung, Schaffenskraft, in Talente investieren, Anlage, Wertschöpfung |
| **GEFÜHLE** | wertvoll, verwurzelt, selbstsicher, geborgen |
| **HANDLUNGSEMPFEHLUNG** | Glaube an deine Talente und setze sie um! |

**Schatten**

| | |
|---|---|
| **BASICS** | Selbstüberschätzung, Fehlkalkulation, Abwertung und Verschwendung von Ressourcen |
| **GEFÜHLE** | überheblich, ungeduldig, spekulativ |
| **HANDLUNGSEMPFEHLUNG** | Gehe realistisch mit deinen Anlagen um! |

# ZWEI DER MÜNZEN

↑ LICHT

SCHATTEN ↓

| | |
|---|---|
| **NUMEROLOGIE** | Verbindung zu den Trümpfen: 2 – 11 – 20 |
| **ASTROLOGIE** | Jupiter im Steinbock |

---

| | |
|---|---|
| **BASICS** | Flexibilität, Risikofreude, spielerisches Abwägen, Anpassungsfähigkeit |
| **GEFÜHLE** | beschwingt, im Flow, körperbewusst |
| **HANDLUNGSEMPFEHLUNG** | Stehe zu dir selbst und deinen Anlagen! |

| | |
|---|---|
| **BASICS** | Spekulation, zweigleisig fahren, Zockernatur |
| **GEFÜHLE** | angestrengt, verunsichert, labil, unzuverlässig, standpunktlos, hin- und hergerissen |
| **HANDLUNGSEMPFEHLUNG** | Lass dich nicht beeinflussen! |

# DREI DER MÜNZEN

⬆ LICHT

SCHATTEN ⬇

**NUMEROLOGIE** Verbindung zu den Trümpfen: 3 – 12 – 21

**ASTROLOGIE** Mars im Steinbock

---

**BASICS** Teamarbeit, Potenzialentfaltung, vielfältiger Einsatz von Talenten und Möglichkeiten, Ehrgeiz

**GEFÜHLE** ambitioniert, zielorientiert, strebsam, kompetent

**HANDLUNGS-EMPFEHLUNG** Verwirkliche deine Berufung – gern gemeinsam mit anderen!

**BASICS** Überarbeitung, Luftschlösser bauen, wirklichkeitsfern, Vergeudung

**GEFÜHLE** überheblich, arrogant, unrealistisch, gierig

**HANDLUNGS-EMPFEHLUNG** Nutze dir alle zur Verfügung stehenden Ressourcen!

# VIER DER MÜNZEN

LICHT

SCHATTEN

| | |
|---|---|
| **NUMEROLOGIE** | Verbindung zu den Trümpfen: 4 – 13 |
| **ASTROLOGIE** | Sonne im Steinbock |

| | |
|---|---|
| **BASICS** | effizientes Verwalten von Materie, Abgrenzung, das Leben im Griff haben, Zurückhaltung, Sparsamkeit |
| **GEFÜHLE** | abgesichert, autark, vorsichtig, verantwortungsbewusst, konservativ |
| **HANDLUNGS-EMPFEHLUNG** | Vertraue auf deine eigenen Ressourcen! |

| | |
|---|---|
| **BASICS** | Distanz, Unnahbarkeit, Geiz, Verschrobenheit, Profitgier |
| **GEFÜHLE** | unflexibel, ängstlich, unsicher, erstarrt, labil |
| **HANDLUNGS-EMPFEHLUNG** | Materie ist nicht alles! |

# FÜNF DER MÜNZEN

LICHT

SCHATTEN

**NUMEROLOGIE** Verbindung zu den Trümpfen: 5 – 14

**ASTROLOGIE** Merkur im Stier

---

**BASICS** Zusammenhalt, Unterstützung, Schicksalsgemeinschaft, Solidarität, Rückbesinnung

**GEFÜHLE** belastbar, beharrlich, zielgerichtet

**HANDLUNGSEMPFEHLUNG** Nimm die Hilfe an, die dir angeboten wird!

**BASICS** Fokussierung auf das Negative, Opferhaltung, Mangeldenken, Unfähigkeit, Hilfe anzunehmen

**GEFÜHLE** hilflos, perspektivlos, sorgenvoll, ausgeschlossen, beratungsresistent

**HANDLUNGSEMPFEHLUNG** Frage dich, was dir wirklich fehlt!

# SECHS DER MÜNZEN

⬆ LICHT

SCHATTEN ⬇

**NUMEROLOGIE** Verbindung zu den Trümpfen: 6 – 15

**ASTROLOGIE** Mond im Stier

---

**BASICS** Geben und Nehmen, Integration, Verteilung, Investition, Großzügigkeit, Charity, Abwägung

**GEFÜHLE** angenommen, wahrgenommen, beschenkt, dankbar

**HANDLUNGSEMPFEHLUNG** Du darfst teilen und annehmen!

**BASICS** Ausschluss, Spaltung, Bevorzugung, Ungerechtigkeit, Abhängigkeit

**GEFÜHLE** gemobbt, manipuliert, zurückgewiesen, nicht wahrgenommen, gedemütigt, verpflichtet

**HANDLUNGSEMPFEHLUNG** Finde einen Weg, dich unabhängiger zu machen!

# SIEBEN DER MÜNZEN

**LICHT**

**NUMEROLOGIE** Verbindung zu den Trümpfen: 7 – 16

**ASTROLOGIE** Saturn im Stier

---

**BASICS** Geduld, Beharrlichkeit, Stolz, Verselbstständigung

**GEFÜHLE** zielgerichtet, zukunftsorientiert, zufrieden, gelassen

**HANDLUNGSEMPFEHLUNG** Freue dich über das von dir Geleistete und auf deine Zukunft!

**SCHATTEN**

**BASICS** Stagnation, Ungeduld, Kontrollverlust

**GEFÜHLE** unentspannt, verkrampft, rastlos, machtlos

**HANDLUNGSEMPFEHLUNG** Bleibe geduldig und lasse die Dinge reifen!

# ACHT DER MÜNZEN

⬆ LICHT

SCHATTEN ⬇

| | |
|---|---|
| **NUMEROLOGIE** | Verbindung zu den Trümpfen: 8 – 16 |
| **ASTROLOGIE** | Sonne in der Jungfrau |

| | |
|---|---|
| **BASICS** | Talententfaltung, Umsetzung, Hingabe, »im Flow«, Präzision, Routine |
| **GEFÜHLE** | Kreativ, fokussiert, sorgfältig, sicher |
| **HANDLUNGS-EMPFEHLUNG** | Bleib dran und zieh dein Ding durch! |

| | |
|---|---|
| **BASICS** | Workaholic, Zwanghaftigkeit, Perfektionismus |
| **GEFÜHLE** | umständlich, schwach, lustlos, unentbehrlich, ausgelaugt, abgestumpft |
| **HANDLUNGS-EMPFEHLUNG** | Erlaube dir eine Auszeit! |

# NEUN DER MÜNZEN

⬆ LICHT

SCHATTEN ⬇

| | |
|---|---|
| **NUMEROLOGIE** | Verbindung zu den Trümpfen: 9 – 18 |
| **ASTROLOGIE** | Venus in der Jungfrau |

**LICHT**

| | |
|---|---|
| **BASICS** | Fülle, Wohlstand, Fruchtbarkeit, Body Positivity |
| **GEFÜHLE** | reich beschenkt, selbstgenügsam, beseelt, selbstsicher, unabhängig |
| **HANDLUNGS-EMPFEHLUNG** | Genieße das, was du erreicht hast! |

**SCHATTEN**

| | |
|---|---|
| **BASICS** | Elitismus, Arroganz, Realitätsverdrängung |
| **GEFÜHLE** | desinteressiert, gefühlskalt, oberflächlich, snobistisch |
| **HANDLUNGS-EMPFEHLUNG** | Blende nicht die Realität aus! |

# ZEHN DER MÜNZEN

⬆ LICHT

SCHATTEN ⬇

| | |
|---|---|
| **NUMEROLOGIE** | Verbindung zu den Trümpfen: 10 – 1 / 0 |
| **ASTROLOGIE** | Merkur in der Jungfrau |

| | |
|---|---|
| **BASICS** | Reichtum, ganzheitliches Verteilen von Materie, Nachhaltigkeit, Familienzusammenhalt, Familiensystem |
| **GEFÜHLE** | abgesichert, stark, versorgt |
| **HANDLUNGS-EMPFEHLUNG** | Investiere in deine Zukunft! |

| | |
|---|---|
| **BASICS** | Dekadenz, Sinnlosigkeit, Exzess, Verlustangst |
| **GEFÜHLE** | orientierungslos, gierig, unersättlich |
| **HANDLUNGS-EMPFEHLUNG** | Blicke über deinen Tellerrand hinaus und verändere deinen Standpunkt! |

# Glossar – Good to know

Einige Begriffe tauchen in diesem Guide und in anderen Büchern immer wieder auf. Hier werden sie kurz erklärt.

**ARCHETYP**

Dieser Begriff kann sehr viele Bedeutungen haben, da er in vielen Systemen – beispielsweise in der Psychologie oder der Systemtheorie – angewendet wird. Im Tarot beschreibt er einen Charakter, mit dem man sich in einer bestimmten Lebenssituation identifizieren kann und der seine Vorbilder in der Welt der Literatur, der Mythen und Märchen oder Hollywood findet.

**DIVINATION**

Abgeleitet von lat. divinum = das Göttliche. Der traditionelle Begriff in der Kartenlegen-Szene für das Wahrsagen. Anders als das Prognostizieren wird sich beim Divinieren nicht nur auf Evidenz und Statistik, sondern auf Eingebungen durch eine höhere Instanz oder etwas Göttliches berufen.

**ELEMENT**

Die Elemente im Tarot bestehen aus den vier (irdischen) Elementen: Feuer, Wasser, Luft und Erde. Ihnen werden bestimmte Bereiche des menschlichen Erlebens zugeordnet. Feuer steht für deinen Willen und Antrieb. Wasser für deine Gefühlswelt. Luft für deine Gedanken und Kommunikation. Erde für deinen Körper, Besitz und materielle Dinge. Das 5. Element, Spirit, wird in den

Großen Arkana gesehen, die einen Weg der seelischen Einweihung beschreiben.

## GROSSE ARKANA

Die Großen Arkana sind die 22 Trumpfkarten in einem Tarotdeck. Die auf ihnen dargestellten archetypischen Situationen werden auch die »Großen Geheimnisse« genannt. Achtung: Ein Geheimnis ist ein Arkanum (lat. arkanum = Geheimnis), Arkana ist bereits die Mehrzahl, eben »Geheimnisse«. Arkanen gibt es nicht.

## HOFKARTEN

Die Hofkarten sind die 16 Personenkarten in einem Tarotdeck. Sie bestehen aus 4×4 Karten, die jeweils durch ein Element und ein Symbol verbunden sind. Die Symbole variieren. Am gängigsten ist die Zuordnung:

Stäbe = Feuer
Schwerter = Luft
Kelche/Becher = Wasser
Münzen/Pentakel/Scheiben = Erde

Die Hofkarten haben in den unterschiedlichen Decks unterschiedliche Systeme. Im Tarot von Waite & Smith sind das: Bube/Page, Ritter, Königin, König, bei Crowley & Harris sind das: Prinzessin, Prinz, Königin, Ritter.

Die Hofkarten werden gern zur Typisierung von Charakteren genutzt. Sie können auch als dein Inneres Team betrachtet werden.

## KLEINE ARKANA

Die Kleinen Arkana sind die 40 Satzkarten/Zahlenkarten in einem Tarotdeck. Sie bestehen aus 4×10 Karten, die jeweils durch ein Element und ein Symbol verbunden sind. Die Symbole variieren. Am gängigsten ist die Zuordnung:

Stäbe = Feuer
Schwerter = Luft
Kelche/Becher = Wasser
Münzen/Pentakel/Scheiben = Erde

Während die Großen Arkana archetypische Lebensstationen beschreiben, stellen die Kleinen Geheimnisse eher Tagesbefindlichkeiten dar.

### KORRESPONDENZEN

Die Tarot-Okkultisten der früheren Jahrhunderte haben die Karten gern mit Astrologie, Numerologie, Kabbala und auch Runen verbunden. Besonders stark hat sich die Geheimverbindung Golden Dawn, die Ende des 19., Anfang des 20. Jahrhundert in London und Paris sehr aktiv war, damit beschäftigt. Auf diese Korrespondenzen wird auch heute bei der Deutung gern zurückgegriffen. In diesem Guide findest du die jeweiligen Korrespondenzen für jede Karte im Schlüsselwort-Teil.

### LIFE PURPOSE

Hat das, was du tust, ein Herz? Du kannst die Dinge in deinem Leben einfach »abarbeiten« oder du kannst etwas mit Leidenschaft tun. Wenn Letzteres der Fall ist, lebst du einen Teil deines »Life Purpose«.

Der Begriff »Life Purpose« ist auch bekannt unter Berufung oder Lebenssinn. Wenn man die Bedeutung jedoch genau beschreiben möchte, heißt sie so viel wie: deine Leidenschaft plus den Zweck und plus deiner Zielsetzung. Der Unterschied zwischen Leidenschaft und Zielsetzung ist, dass deine Leidenschaft dich glücklich macht, aber deine Zielsetzung andere Menschen glücklich macht. Das bedeutet, wenn du deinen »Life Purpose« lebst, ist es ein win-win. Du liebst, was du tust, und dienst damit anderen, bzw. der Welt. Deine Leidenschaft hat also einen höheren Zweck

Deine Lebensaufgaben fordern dich heraus:

1) dich selbst ganz genau kennenzulernen,

2) herauszufinden, was du gerne lernst und anderen beibringen könntest,

3) mit deinen Stärken immer wieder aus der Komfortzone herauszugehen.

Dein Life Purpose besteht aus den zentralen motivierenden Zielen deines Lebens – den Gründen, warum du morgens aufstehst.

Um mehr darüber zu erfahren, schaue dir beispielsweise das Ikigai-Modell an, was die Bedeutung und alles, was den Life Purpose beinhaltet, sehr gut darstellt und beschreibt.

### OKKULTISMUS

Abgleitet von lat. occultus = verborgen, verdeckt, geheim, wird dieser Begriff heute oft undifferenziert angewendet. Im engeren Sinn bezeichnet er bestimmte esoterische Strömungen des späten 17. bis frühen 20. Jahrhunderts.

### QUINTESSENZ

Die abschließende und zusammenfassende Aussage einer Legung, die bei nummerierten Karten durch die Berechnung der Quersumme entsteht.

## READING, READER

Ein Reading (auch Session) ist der aktuelle Modebegriff für eine (Tarot)-Beratung oder die eigene Deutungsarbeit. Sie wird durch eine oder einen Reader ausgeführt, der oder die sich auch als Coach oder Berater oder Beraterin bezeichnet.

## SIGNIFIKATOR

Bezeichnung für die Karte, die das Thema der Legung aufzeigt. Der Signifikator kann offen ausgewählt oder verdeckt gezogen werden. Bei der ersten Variante blätterst du durch das Deck, bis du eine Karte gefunden hast, die die zu hinterfragende Situation oder deine Gefühle dazu am besten wiedergibt.

## SPREAD

Legesysteme – neudeutsch »Spreads« genannt – sind hilfreich, wenn du zu einem bestimmten Thema die Karten legen willst. Sie sind die »Landkarte« zur Beantwortung der Frage. Viele Kartenlegende haben ein Lieblingssystem, das immer wieder bei ihren Beratungen zum Einsatz kommt.

## TREFFERQUOTE

Von der irrigen Annahme ausgehend, dass mit den Karten nur orakelt wird und dass »gutes« Kartenlegen das Eintreffen gemachter Prognosen ausmacht, versucht dieser Begriff abzufragen, wie oft Reader mit ihren Prognosen richtig liegen. Diese fiktive und nicht beweisbare Trefferquote soll dann aussagekräftig bezüglich der Fähigkeiten der oder des Kartenlegenden sein.

# Literatur-Tipps


★ Banzhaf, Hajo: Tarot für Anfänger, Königsfurt-Urania, 15. Auflage, überarbeitete Neuauflage, Kiel 2023

★ Banzhaf, Hajo: Schlüsselworte zum Tarot (für Waite), Goldmann, München 1990

★ Buchholzer, S.ROE/Lucht, Katharina: Moderne Tarot-Spreads, Königsfurt-Urania, 2. Auflage, Kiel 2022

★ Janssen, Anna: Tarot – Dein Starterkit, Königsfurt-Urania, Kiel 2022

★ Pollack, Rachel: 78 Stufen zur Weisheit, Neue Erde, 15. Auflage, Saarbrücken 2019

★ Packard, Mary: Visconti Sforza Tarot, Königsfurt-Urania, Kiel 2022

★ Schwarz, Lilo: Tarot von A.E. Waite – Starterset, Königsfurt-Urania, 4. Auflage, Kiel 2022

★ Schwarz, Lilo: Das Große Tarot Praxisbuch, Königsfurt-Urania, 4. Auflage, Kiel 2022

★ Sterle, Lisa: Modern Witch Tarot Journal, Königsfurt-Urania, Krummwisch 2021

★ Sterle, Lisa: Modern Witch Coloring-Book, Königsfurt-Urania, Kiel 2022

★ Waite, Arthur E.: Der Bilderschlüssel zum Tarot, Königsfurt-Urania, Krummwisch 2005

# Über die Autorinnen und den Autor

## KIRSTEN BUCHHOLZER

Kirsten Buchholzer hat viele Jahre Literatur und Übersetzung studiert. Sie hat in England, Schottland, Tschechien und Frankreich gelebt und vielerorts als Lektorin und Übersetzerin gearbeitet. Inzwischen hat sie sich gemeinsam mit ihrem Mann S. ROE Buchholzer in Hamburg niedergelassen und firmiert mit ihm als »Die Mantiker«. Die Expertin für Tarot und Astrologie hat sich darauf spezialisiert, die Bedeutung von Bildern und Symbolen in alltägliche Sprache zu übersetzen. Sie arbeitet seit über 25 Jahren als Beraterin, unterrichtet und forscht über die Geschichte der Karten und andere okkulte Themen.

Kirsten ist am liebsten auf dem YouTube Kanal der Mantiker unterwegs oder bloggt ihr geballtes Astrologie- und Tarotwissen. Auch ist sie die langjährige Vorsitzende des Tarot e.V. (www.tarotverband.de), des deutschsprachigen Verbandes, der sich die Etablierung des Kulturguts Tarot in der Gesellschaft auf die Fahnen geschrieben hat. Ebenso engagiert sie sich für die Astrologie im Deutschen Astrologen-Verband (www.dav-astrologie.de).

Bei Königsfurt-Urania sind bereits mehrere Bücher von ihr erschienen.

@tarotwissen, www.tarotwissen.de, www.diemantiker.de

## S. ROE BUCHHOLZER

Als gebürtiger Steirer begeistert sich S. ROE nicht nur für die Bilder des Tarot, sondern auch für die Traditionellen Orakelkarten, die aus seinem Heimatland stammen. Der Tarot- und Orakelexperte kann inzwischen auf 25 Jahre Beratungserfahrung zurückblicken. Er hat u.a. bei Hajo Banzhaf, Johannes Fiebig und Lilo Schwarz gelernt und durch seine langjährige Deutungspraxis seine ganz eigene Interpretationstechnik verfeinert. Sein Wissen gibt er in Präsenz- und Online-Ausbildung weiter und teilt es auch gern auf seinem lebendigen Instagram-Account und auf YouTube.

Nach Lern- und Wanderjahren bei sehr einfühlsamen Beratern und Beraterinnen in der archaischen Bergwelt der steirischen und schweizerischen Alpen hat er gemeinsam mit seiner Frau Kirsten Buchholzer 2008 »Die Mantiker« ins Leben gerufen. Die beiden leben und arbeiten in Hamburg. Von dort aus engagiert er sich auch für den Tarot e.V. Als Mitglied der ersten Stunde ist S. ROE seit vielen Jahren der Sekretär dieses Verbandes von Menschen, die sich für das Kartenlegen begeistern.

Bei Königsfurt-Urania sind bereits mehrere Bücher von ihm erschienen.

@roe_der_mantiker, www.diemantiker.de

## BEATE STAACK

Beate Staack – bekannt als Bea – ist ganzheitliche, spirituelle Lebensberaterin mit Tarot. Vor ihrem spirituellen Weg studierte Bea im Bachelor Kommunikations- sowie Medienwissenschaften und absolvierte einen Master in Internationaler Kriminologie.

Sie bietet Tarotberatungen, Tarotmentoring und regelmäßig stattfindende Trainings an. Seit 2020 bildet sie außerdem im Tarot von Waite & Smith in Onlinekursen die nächste Kartenleger und -legerinnen-Generation aus. Mittlerweile berät und bildet Bea auch deutsche Prominente aus – darunter zum Beispiel Sandy Meyer-Wölden. Sie ist erfolgreich als Tarotfluencerin/Influencerin auf Instagram aktiv und hat eine täglich wachsende Followerschaft. Im größten deutschsprachigen Tarotverband ist sie seit 2018 Mitglied sowie seit 2019 im Vorstand ehrenamtlich aktiv. Neben Tarot ist Bea im Human Design System ausgebildet, das sie mit den Tarotkarten kombiniert.

@**tarot_official**, **www.tarot-academy.de**